Disney

BOLT

볼트

초판 1쇄 2011년 5월 3일

번역 • 해설 | 이일범
스크린 강의 | 오석태
펴낸이 | 조치영
편집 | 김동혁, 강경록
디자인 | 이수정, 남다희
마케팅 | 손정선, 손지훈
경영지원 | 정연희
인쇄 | 보광문화사
펴낸곳 | 스크린영어사

서울특별시 관악구 대학동 1514번지
TEL (02) 887-8416
FAX (02) 887-8591
http://www.screenplay.co.kr

등록일자 1997년 7월 9일
등록번호 제16-1495

ISBN 978-89-6415-053-5 18740
ISBN 978-89-87915-11-1 18740 (세트)

Disney

BOLT

스크린영어사
Screen English Publishing co.

〈볼트〉를 시작하며

디즈니에는 모험이 있고 꿈이 있으며, 마법이 숨어 있고 정의와 의리가 넘실댄다. 기쁨과 슬픔 속에 빠져들다 보면 흥미와 쾌락, 그리고 카타르시스를 맛보게 되고, 환상 속을 화려하게 헤매다 보면 현실의 어둠을 잊고 어린아이가 되며, 액션과 스릴, 그리고 낭만을 즐기다 보면 인생의 의미와 교훈을 곰 씹게 된다. 한마디로 디즈니는 우리의 벗이요, 가족인 동시에 인생의 반려자다. 그것은 시간과 장소를 초월하며 미래를 내다보는 투시안을 제공한다. 그래서 어제도, 오늘도 디즈니가 우리 곁에 있고 앞으로도 영원히 우리와 더불어 호흡을 할 것이다.

사실, 영어실력을 향상시키는데 있어서 디즈니의 애니메이션보다 더 바람직한 작품들이 있을까? 마음대로 상상의 나래를 펼 수 있는 가운데 대체적으로 명배우들의 목소리를 통해 정확하고도 세련된 발음과 억양을 들을 수 있고 지나친 비어나 속어, 그리고 사투리 등이 아닌 가장 일반적인 영어 표현들을 접할 수 있는 것이 애니메이션이다. 더구나 일반 극영화와는 달리 영화 내용의 묵직함에서 벗어날 수 있고, 장르에 따라 이해하기 어려운 표현이나 어휘들의 부담을 덜 수 있으며, 진지한 예술성이 주는 속박에서 해방될 수가 있다. 한마디로 부담 없이, 또 지루함을 느끼지 않고, 영어자체를 음미하기에는 최상의 언어재료가 애니메이션인 셈이다.

창사 이래 꾸준히 독자들의 성원을 받고 성장해온 스크린영어사에서는 이제 다시 디즈니사의 협조를 받아 또 하나의 걸작 애니메이션인 〈볼트〉를 내놓는 기쁨을 맛본다. 그것이 영어학습에 끼칠 수 있는 영향이 매우 긍정적이기에 한층 더 흥분이 된다. 누구나 부담 없이 즐기면서 알찬 영어를 접할 수 있는 최선의 작품이기 때문이다. 특히 이 작품은 아이들의 애니메이션이라기 보다는 누구나가 즐길 수 있는 일반 극영화처럼 주제나 플롯, 그리고 스토리가 가볍지 않고 또 충실하다. 그것을 보는 관객들은 권선징악의 테두리를 맴도는 흔한 애니메이션을 보고 있다는 느낌을 받지 않는다. 그러면서도 다가가기에 적당히 어렵고, 손쉽고 적절하게 배울 수 있으며, 또 즐거운 학습을 할 수가 있는 영어재료로 충만하다.

디즈니사가 출시한 영화 작품을 소개한다는 것은 결코 쉬운 일이 아니다. 그 동안 본사에서는 디즈니사 작품들이 우리나라 영어교육에 미칠 수 있는 긍정적 영향을 예측하여 애독자 여러분들의 성원을 바탕으로 많은 노력과 설득을 한 끝에 어렵게 승낙을 얻어내어 주옥 같은 여러 작품들을 소개하게 된 것이다. 하지만 애로점도 있다. 그 동안 스크린영어사가 소개한 영화들은 스크립트가 없는 경우도 많아 영화를 토대로 저자가 지문을 써야 했으며 영화에서 나오는 장면 그대로 대사를 따야 했다. 그 작업이 힘들었고 혹시 독자들의 수준을 만족시키는 영어가 못되었을지는 모르나 그런대로 영화의 대사 그대로 하는 정확성은 기할 수 있었다. 그런데 디즈니사에서는 대 메이저 프로덕션답게 그들이 스크립트를 제공하는 편리함 대신에 그 내용을 그대로 출판하기를 바라고 있다. 즉 실제로 영화 대사나 장면 등이 그 스크립트와 맞지 않더라도 그대로 해야만 하는 애로가 뒤따르는 셈이다. 따라서 독자 여러분이 지금까지 보아 왔던 스크린영어사의 정확한 대사나 지문 설명과는 다소 차이가 있을 수 있음을 이해하기 바란다. 물론 그 차이가 크게 나는 것은 아니므로 영어 학습에 지장을 받지는 않을 것이다. 다만 이 작품에서는 두 곡의 노래가 나오는데 그것을 소개하지 못한 것은 안타깝다. 스크립트에는 없기 때문이란 것을 양지하기를 바란다.

그 동안 누차 강조한 바대로 시간과 경제적 측면을 고려할 때 가장 합리적이고 효과적이며 종합적인 영어 학습의 지름길은 바로 스크린영어다. 앞으로도 스크린영어사에서는 디즈니사의 최신 애니메이션이 우리 나라에 개봉되는 시점에 맞추어 애독자 여러분에게 주옥 같은 작품들을 계속 소개할 예정이니 모쪼록 이런 기회를 놓치지 말고 정말 확실하고 훌륭한 영어 재료를 통해 여러분들의 영어 실력에 장족의 발전이 있기를 기원한다.

이 일 범

Contents

1. Penny Meets Bolt

페니 볼트를 만나다 • 9

Movie Talk 영어의 특징 • 30

2. Penny & Bolt in Their Own TV Show

TV 드라마의 페니와 볼트 • 34

3. I'm a Big Fan, Bolt.

난 왕팬이야, 볼트 • 60

Movie Talk 〈트루먼 쇼〉의 환생 – 애니의 수준을 업그레이드하다 • 90

4. Bolt Meets Mittens the Cat.

볼트가 고양이 미튼스를 만나다. • 94

5. The Journey Back to Penny. | 페니의 여행 • 118

Movie Talk 캐릭터에 생명을 불어넣은 성우들에게 박수를! • 140

6. Welcome Aboard, Rhino!
라이노, 한 팀이 된 거 환영한다! • 144

7. They Need a Hero, Bolt!
사람들은 영웅이 필요해, 볼트! • 174

8. But Penny Is My Person.
하지만 페니는 내 주인이야 • 202

9. I Miss Bolt Very Much.
난 볼트가 무척 보고 싶어요 • 224

10. You're My Good Boy, Bolt.
넌 내 착한 강아지야, 볼트 • 252

MAIN CHARACTERS

BOLT 볼트

페니와 짝을 이루어 텔레비전 드라마에 출연하는 스타 강아지. 드라마에서 납치된 페니의 아버지를 구하기 위해 초능력을 가진 개로 설정된 자신의 힘을 현실에서도 진짜로 믿고 있다가 뒤늦게 평범한 개임을 깨닫지만 미튼스와 라이노의 격려로 용감하게 자기 주인인 페니를 구한다.

PENNY 페니

텔레비전 드라마의 스타 아역 배우. 우연히 동물보호소에서 볼트를 만나 드라마에 같이 출연하면서 깊은 우정을 나눈다. 뜻하지 않게 볼트와 헤어진 그녀는 그를 못 잊어 괴로워하다가 스튜디오에서 촬영 중 화재를 만나 위험한 상황에 처하나 마침내 볼트의 도움으로 생명을 건진다.

MITTENS 미튼스

원래는 교활한 고양이었으나 볼트에게 붙잡혀 어쩔 수 없이 페니를 구하러 가는 여정에 가담한다. 하지만 볼트의 충실함에 이끌려 차츰 볼트와 가까워지고 친구가 되면서 그의 생명을 구하기도 하며 그가 페니를 찾는데 결정적 역할을 한다.

RHINO 라이노

볼트의 열렬한 팬으로서 비록 작은 동물이지만 볼트에게 충성을 다하면서 그가 페니를 찾는데 가담하여 많은 도움을 준다. 미튼스가 볼트는 현실에서 초능력이 없는 개라는 것을 알려주지만 끝까지 볼트를 신뢰하면서 도움을 준다.

DR. CALICO 칼리코 박사

텔레비전 드라마 속 인물로, 과학자 교수인 페니의 아버지를 납치하여 그의 발명을 이용하여 세계를 지배하려는 악당의 두목이다. 페니의 아버지가 말을 안 듣자 페니를 납치하여 아버지의 협조를 얻어내려고 한다.

THE AGENT 매니저

페니의 매니저로 페니가 볼트를 못 잊어 하는 것을 보고도 못 본 체하며 오직 페니가 배우로서 성공하는 것만을 위해서 일을 하는 전형적인 비지니스맨이다. 나중에 페니의 어머니로부터 심한 모욕을 당한다.

Chapter 01

Penny Meets Bolt

페니 볼트를 만나다

아역 배우인 페니는 동물보호소에서 예쁜 강아지인 볼트를 만나 우정을 쌓는다. 어느 날 페니의 아버지가 악당 두목인 칼리코 박사에게 납치되는데, 과학자인 아버지는 이미 생체공학을 이용하여 볼트가 초능력을 갖도록 개조해 놓은 상태다. 악당들은 페니까지 납치하려 하나 볼트의 초능력으로 그 부하들을 통쾌하게 물리친다.

INT. SILVERLAKE ANIMAL RESCUE - DAY

Fluorescent lights flicker to life, awakening...
AN AWKWARD PUPPY. With a pure white coat in a glass-walled pen.
The puppy spots a smiling CARROT CHEW-TOY across from him. He approaches it, sniffs, and backs up. He crouches, ready to attack. The fur on his spine raises. He narrows his eyes, and pounces!
As the day's first CUSTOMERS wander by the pen, the OTHER PUPPIES chase after, attempting to impress their future owners.
But the white puppy prefers to wrestle his stuffed vegetable. As he rolls on his back, we see from OUR PUPPY'S point of view, as the image of an upside-down...
EIGHT-YEAR-OLD GIRL with messy red hair approaches, staring saucer-eyed right at us. This is PENNY.
Our puppy rights himself, his eyes locked on the little girl. His tail begins to wag. He spies the tail out of the corner of his eye and... leaps into action, spinning in circles, desperately trying to catch the offending appendage.
Penny GIGGLES, turning to the SHOPKEEPER, who looks on warmly.

PENNY : That one.

Penny presses her hand against the glass. The puppy wobbles over and places his paw opposite her hand.

SHOPKEEPER : Here, boy.

The SHOPKEEPER leans into the pen and pulls out the dizzy puppy. Penny accepts the gift.

PENNY : (giggling) You're heavy!

The dog licks her face furiously. Penny LAUGHS and gleefully SCREAMS.

PENNY : And slobbery!

내부. 실버레이크 동물 보호소 - 낮

형광등이 명멸하면서 잠을 깨우는 데…
유리 벽으로 된 우리 안에서 순 백색의 털을 지닌 강아지는 거북한 표정이다.
강아지는 맞은 편에서 미소 짓고 있는 당근 인형을 발견한다. 그는 인형에게 다가가 킁킁 냄새를 맡더니 물러선다. 그는 웅크리며 공격할 준비를 한다. 그의 곧추서며 털이 일어서더니 눈을 가늘게 뜨고는 갑자기 달려든다!
그날 처음 온 손님들이 우리 근처를 배회하자 다른 강아지들이 미래 자신들의 주인님들에게 잘 보이기 위해 뒤를 따른다.
하지만 흰 강아지는 속을 채운 야채 인형과 씨름하기를 더 좋아한다. 그가 등을 대고 구르자 강아지의 시점에서 8살 소녀의 거꾸로 된 모습이 다가오는 것이 보인다. 그녀의 머리는 빨갛고 흐트러져 있으며 눈은 휘둥그레진 모습으로 앞쪽을 바로 바라본다. 이 소녀가 페니다.
강아지는 다시 일어나 눈을 어린 소녀에게 고정시킨다. 강아지가 꼬리를 흔들기 시작한다. 그는 곁눈질로 꼬리를 보고 급히 움직여 빙글빙글 몸을 돌리면서 성가신 부속물을 잡으려고 필사적으로 애를 쓴다.
페니는 킬킬 웃으며 따뜻하게 지켜보는 상점주인이게 돌아 서며.

페　니 :　　　　재로 할래요.

페니는 손을 유리에 대고 누른다. 강아지는 뒤뚱거리며 오더니 앞발을 들어 그녀의 손 맞은편에 댄다.

상점주인 :　　　　자, 이리 온.

상인은 우리 속으로 몸을 기울여 마음이 들뜬 강아지를 꺼낸다. 페니는 그 선물을 받아 든다.

페　니 :　　　　(낄낄 대며) 제법 무겁네.

개는 그녀의 얼굴을 맹렬히 핥는다. 페니는 웃으며 즐겁게 비명을 지른다.

페　니 :　　　　침도 많이 흘리네!

fluorescent
휘황한, 형광성의
producing bright light by using some form of radiation

spine
등뼈, 척추
the row of small bones that are connected together down the middle of the back

saucer-eyed
눈이 휘둥그래진, 눈을 부릅뜬

appendage
부속물, 부가물
a smaller or less-important part of something larger

wobble
흔들흔들하며 가다
to go in a particular direction while moving from side to side in an unsteady way

slobbery
군침 흘리는, 군침으로 더러워진

Zoom In

He approaches it, sniffs, and backs up.

여기서 back은 동사로 '후퇴하다, 물러서다'의 뜻이며 부사 up을 동반하는 경우가 많다.

· The soldier backed up two paces.
그 병사는 두 걸음 물러섰다.

He spies the tail out of the corner of his eye.

원래 out of the corner of one's eye는 '곁눈으로, 곁눈질로'란 뜻이다. out of the tail of one's eye도 같은 의미이니 알아두자.

Penny fastens a collar around her new best friend's neck, nuzzling her head against his...

PENNY : There. You're a good boy. (she kisses him on the head) You're my good boy.

As she straightens the collar so that his shiny new tag sits right in front, the scene ends. A telephone rings in the darkness. It is now five years later.

EXT. PARK BENCH - DAY

A teenage Penny answers her cell phone.

PENNY : Hello?

EXT. A DARK ALLEY - CONTINUOUS

A harried man speaks into a pay phone. This is Penny's DAD...

DAD : Penny, I don't have much time.

PENNY : Daddy? Are you okay?

On the alley wall, black shadows stalk nearer.

DAD : Something's come up at work, honey. Daddy's not gonna be home for awhile...

EXT. PARK BENCH - CONTINUOUS

Penny listens uneasily, her dog watching over her with concern.

페니는 가장 친한 새 친구의 목 주위에 개 목걸이를 매고는 자신의 머리를 그의 머리에 문지른다.

페 니 : 자, 정말 착하구나. (그의 머리에 키스를 한다) 넌 내 착한 강아지야.

그녀가 그의 빛나는 새 목걸이 장식이 앞쪽에 제대로 자리를 잡도록 목걸이를 정돈하며 장면이 끝난다.
어둠 속에서 전화가 울린다. 5년이 지난 현재.

외부. 공원 벤치 – 낮
10대의 페니가 휴대전화를 받고 있다.

페 니 : 여보세요?

외부. 어두운 복도 – 계속
곤경에 처한 남자가 공중전화로 말한다. 이 사람이 페니의 아버지다.

아 빠 : 나 지금 시간 별로 없다.

페 니 : 아빠? 괜찮으세요?

골목길 벽 위에 검은 그림자가 점점 가까이 다가온다.

아 빠 : 아빠 연구실에 너무나 급한 일이 생겼어. 당분간 집에 들어가지 못할 것 같구나.

외부. 공원 벤치 – 계속
페니는 불안하게 듣고 있는데, 그녀의 개가 근심스럽게 그녀를 바라본다.

▫ **nuzzle**
코로 문지르다, 얼굴을 디밀다

▫ **harry**
괴롭히다, 유린하다
to annoy or upset somebody by continuously asking them questions or for something

▫ **stalk**
몰래 접근하다, 가만히 다가오다
to pursue stealthily and persistently

Zoom In

▪ straighten

(똑바르게 하다)라는 의미로 접미사 –en은 형용사에 붙여서 '~으로 하다(되다)'의 뜻이 된다. darken(어둡게 하다), sharpen(예리하게 하다)

· Straightening his tie, he knocked on the door. 넥타이를 바르게 하고는 그는 문을 노크했다.

▪ Something's come up at work.

come up은 '(일이) 일어나다, 생기다'의 뜻이며, at work은 '집무 중에, 직장에, 일터에'의 뜻이다.

· I'll let you know if anything comes up.
무슨 일이든 생기면 네게 알려줄게.

PENNY : I don't understand.

DAD : You can't go back to the house, Penny. Okay?

PENNY : What's happening?

FLASHBACK to the not-too-distant past.

INT. PENNY'S BEDROOM - MORNING

Penny sleeps peacefully, Bolt curled up in her arms. Dad tiptoes in, his shadow stretching over girl and dog.

DAD : It's alright. You won't be alone. You have Bolt.

INT. A DIMLY LIT LABORATORY

Penny's Dad watches on in a protective suit as Bolt is transformed into the Six-Million-Dollar Dog.

DAD : I've altered him.

Computer screens show cells mutating, DNA strands spinning.
Bolt's eye blinks, reopening to reveal an enhanced BIONIC EYE!

DAD : (V.O.) He can protect you now.

A closeup of Bolt's side shows a large black lightning bolt materializing on his fur. The tag around his neck is now emblazoned with a lightning-bolt symbol.

EXT. CITY - DAY

The adventure begins. The camera flies high over the city. Running across one of the tall roof tops, we find our heroes.

페 니 : 그게 무슨 소리예요?

아 빠 : 너 집에 돌아가면 안 돼, 페니. 알았지?

페 니 : 무슨 일인데요?

그리 멀지 않은 과거로 회상.

내부. 페니의 침실 – 아침

페니가 편안하게 잠들어 있고 볼트는 그녀의 팔에서 새우잠을 자고 있다. 아빠가 살그머니 들어와 자신의 그림자를 딸과 강아지 위로 뻗친다.

아 빠 : 걱정 말아라. 넌 혼자가 아니야. 볼트가 있으니까.

내부. 어둠침침한 불빛의 실험실

페니의 아빠가 방호복 차림으로 지켜보는 가운데 볼트는 6백만 불 개로 변모된다.

아 빠 : 내가 개를 개조해놨다.

컴퓨터 스크린 위로 변화하는 세포들이 나타나며 DNA가 실을 내며 꼰다.
볼트의 눈이 깜박거리며 강화한 생체공학의 눈을 나타내기 위해 다시 떠진다.

아 빠 : (목소리) 이제 볼트가 널 지켜줄 거야.

볼트의 옆구리가 클로즈업 되면서 그의 털 위에 커다란 흑색 번개 형체가 나타난다. 그의 목에 있는 장식이 '볼트'란 심볼과 함께 꾸며져 있다.

외부. 도시 – 낮

모험이 시작된다. 카메라는 도시 높이 날아간다. 높은 지붕 꼭대기 중 하나 위로 달리면서 우리의 주인공이 보인다.

▫ **mutate**
변화하다, 돌연변이 하다
to develop or make something develop a new form or structure, because of a genetic change

▫ **strand**
꼬다, 실을 내며 줄을 치다

▫ **bionic**
생체공학의, 초인적인
having parts of the body that are electronic, and therefore able to do things that are not possible for normal human beings

▫ **emblazon**
장식하다, 꾸미다
to decorate something with a design, a symbol or words so that people will notice it easily

Zoom In

▪ Bolt curled up in her arms.

이 구문은 부대상황 분사구문으로 with Bolt curled up in her arms의 의미이다. curl up 은 '감아 올리다, 둥글게 감다, 비틀다' (to lie comfortably with the arms and legs drawn close to the body)의 뜻이다.

▪ in a protective suit

protective suit은 '(화염, 방사선으로부터의)방호복'을 뜻한다. 착용을 나타내는 전치사는 in으로 '~을 입고, 끼고, 신고'의 뜻이 된다.

· a man in spectacles(an overcoat, a red tie)
안경을 낀(외투를 입은, 빨간 넥타이를 맨) 남자

Bolt sits vigilantly beside Penny as she peers through state-of-the-art binoculars at a modern office building. She presses a button and a small microphone pops out of the top of the binoculars, amplifying the sound from the building.
One of the voices catches her ear, she locks in on one of the windows. The binoculars' x-ray scan engages and the window dissolves away revealing...

INT. OFFICE

A TATTOOED HENCHMAN in a perfectly tailored suit speaking via video monitor to a rather scary individual with ONE GREEN EYE and A CAT on his shoulder. This is DR. CALICO.

CALICO : I've received word from a high-level contact that the lamentable incident in Brussels has been taken care of. Which, of course, is wonderful news. Everything is positioning nicely.

PENNY : There he is. Dr. Calico.

PENNY places the binoculars over Bolt's eyes. He GROWLS menacingly.

HENCHMAN : Any luck getting our guest to spill his guts?

CALICO : Oh, his guts will spill. One way or another...

We see DAD bound beside Calico, as a cat HISSES at his side.

DAD : Never! I'll never talk!

PENNY : (gasp) Daddy!

Penny looks into the binoculars once again.

페니는 최신식 쌍안경을 통해 현대식 사무용 건물을 엿보는데 볼트는 경계심을 늦추지 않은 채 페니 옆에 앉아 있다. 그녀가 버튼을 누르자 작은 마이크로폰이 쌍안경 위에서 튀어나와 그 건물에서 나오는 소리를 증폭시킨다.
그 목소리 중 하나가 그녀의 귀에 잡히자 그녀는 창문 중의 하나에 고정시킨채 목표물을 자동 추적한다. 쌍안경의 X선 검색이 맞물며(잘 돌아가며) 창문이 서서히 디졸브되면서 다음 장면이 나타난다.

내부. 사무실
완벽하게 특제 옷 차림의 문신을 한 남자가 비디오 모니터를 통해 녹색 눈과 어깨에 고양이를 지닌 채 상당히 겁에 질린 한 남성에게 말을 한다. 이 자가 칼리코 박사이다.

칼리코 : 상부로부터 브루셀에서의 유감스러운 사건이 잘 처리되었다는 보고를 받았다. 그건 정말 반가운 소식이야. 모든 게 순조롭게 잘 진행되고 있어.

페 니 : 저 사람이야. 바로 칼리코 박사란다.

페니는 쌍안경을 볼트의 눈에 대준다. 그는 위협하듯 으르렁거린다.

심복부하 : 우리 손님께서 비밀을 순순히 다 털어놓던 가요?

칼리코 : 아, 이제 곧 털어놓게 될 거야. 안 그러면 죽음이지.

칼리코 박사 옆에서 묶여 있는 아빠가 나타난다. 고양이가 그의 발치에서 앙칼진 소리를 낸다.

아 빠 : 결코! 절대로 말해주지 않을 거야!

페 니 : (숨을 헐떡인다) 아빠!

페니는 다시 한번 쌍안경을 들여다 본다.

▫ **vigilantly**
경계하고 있는, 방심하지 않는

▫ **state-of-the-art**
최첨단 기술을 사용한, 최신식의
using the most modern or advanced techniques or methods; as good as it can be at the present time

▫ **lamentable**
유감스러운, 한탄스러운
very disappointing

▫ **henchman**
심복부하, 추종자

▫ **hiss**
쉿 하고 소리 내다, (불만, 노여움의) 소리를 내다

Zoom In

▪ She locks in on one of the windows.

여기서 in은 부사이고 lock on은 '(레이더 등으로 목표물을) 자동 추적하다'의 뜻이다. 따라서 "그녀는 창문 하나의 안쪽을 자동 추적한다"는 의미가 된다.

▪ I've received word from a high-level contact that ~

word는 보통 무관사로 '기별, 소식, 전언'의 뜻이고 contact는 '중개자, 교섭자, 중개 역할을 하는 사람'을 뜻한다. that 이하는 word와 동격으로 명사절이다.

CALICO : You are beginning to irk me Professor. I am irked and that will not do. (to henchman) Has the package arrived? I think it might make our dear friend a bit more... communicative.

HENCHMAN : I'm sending an agent to pick it up.

CALICO : Gorgeous. Have him bring it to me on the first flight.

Calico's henchman signals his partner. He strides out of the room.

EXT. STREET - MOMENTS LATER

The agent emerges from the building.
He walks coolly down the street, "innocently checking over his shoulder". He turns down an alley. Penny observes from behind a magazine.

PENNY : Bolt, let's go!

Bolt is hiding behind a magazine, too. The two race after their target.
They follow him down an alley. Penny spies him from around a corner. He turns down a side street, they give chase, turn the corner and he's gone! It's a dead end.
Cage doors slam down around them. It's a trap!

PENNY : (gasp!)

A big BLACK CADDY squeals from the far end of the alley.

INT. CADILLAC - CONTINUOUS

Calico appears on a screen in the dashboard.

CALICO : We only need the girl.

칼리코 : 지금 내 기분이 막 나빠지고 있어, 교수. 난 지루한 건 딱 질색이야. (심복부하에게) 부탁한 물건은 도착했나? 그 물건이 와야 존경하는 교수님이 좀 더 입을 열 것 같은데.

심복부하 : 요원 하나를 보냈으니 올 겁니다.

칼리코 : 아주 잘 했어. 첫 비행기 편으로 그걸 가져오라고 해.

칼리코의 부하는 자기 파트너에게 신호를 보낸다. 그는 방에서 성큼 걸어나간다.

외부. 거리 - 잠시 후

그 요원이 건물에서 나타난다.

그는 "알아채지 못하게 어깨 너머로 살피면서" 침착하게 거리를 걸어간다. 그는 골목길을 돌아간다. 볼트는 잡지 뒤에 숨어서 지켜보고 있다.

페 니 : 볼트, 어서 가자!

볼트 역시 잡지 뒤에 숨어있다. 둘은 그들의 목표물을 향해 돌진한다.

그들은 골목으로 그를 따라간다. 페니는 모퉁이 주위에서 그를 염탐한다. 그가 옆길로 돌자 그들은 계속 추격하여 모퉁이를 도는데 그가 사라졌다! 그곳은 막다른 길이다. 그들 주위에 우리 문이 쾅 내려와 닫힌다. 그건 함정이다!

페 니 : (숨을 헐떡인다)

커다란 흑색 캐딜락 차량이 골목 먼 끝으로부터 끽 소리를 낸다.

내부. 캐딜락 - 계속

칼리코 박사가 계기판의 화면에 나타난다.

칼리코 : 우리가 필요한 건 그 계집애야.

▫ **irk**
지겹게 하다
to annoy or irritate somebody

▫ **stride**
큰 걸음으로 걷다
to walk with long steps in a particular direction

▫ **Caddy**
캐딜락 차(미국제 고급 자동차의 상표명) = Cadillac

▫ **squeal**
비명을 지르다, 깩깩거리다
to speak in a very high voice, especially when you are excited or nervous

▫ **dashboard**
계기판

Zoom In

▪ That will not do.

이 표현은 '그건 안 돼(못써)'의 뜻이며 여기서 do는 '(습관, 예의 상) 용납되다(to be enough or suitable)'의 뜻이다.

· This little bed will do for the baby.
이 작은 침대는 아이에게는 적당할 것이다.

▪ It's a dead end.

dead end는 '막다른 골목, 종점, 막다름, 궁지, 막힘'(a road, passage, etc. that is closed at one end)의 뜻이다. dead-end는 형용사로 '막다른, 밑바닥 생활의, 무법의' 등의 뜻이 된다.

The driver shifts into gear and guns the accelerator.
Bolt strides in front of Penny and then, steely-eyed, lowers his head and runs at the car.
Dog and Cadillac collide... and dog wins, head-butting the car skyward. It sails over them and lands on its roof.
Bolt sits "innocently" smiling at the game.
Penny leans down to the window, gives a polite smile, and TAPS ON THE GLASS. The thug driving the car opens the window...

THUG : (dizzied) What?

PENNY : Where's Calico?

THUG : I'm not talking to you.

EXT. BRIDGE - MOMENTS LATER

Bolt holds the car in his mouth, dangling it over the edge of a bridge. The thug screams from within.

THUG : Bolivia! Bolivia! Calico's in Bolivia!!! Near Lake Rogaguado!

PENNY : Lake Rogaguado. I should've known.

THUG : Oh man!

Penny hears a light thumping and looks up. Out on the bay she sees a trio of attack choppers flying towards them.

PENNY : Come on Bolt! Let's go!

Bolt sets the thug's Caddy down safely on the asphalt.

THUG : (groans)

운전사가 기어를 바꾸고는 속도를 높인다.
볼트는 페니 앞으로 성큼 걸어가 냉혹한 눈을 한 채 고개를 낮추어 자동차를 향해 돌진한다.
개와 캐딜락 차량이 충돌하는데…. 개는 머리로 차를 받아 하늘 높이 날리며 승리한다. 차는 그들 위로 날아 거꾸로 처박힌다.
볼트는 그 사냥감을 보고 웃으며 냉정하게 앉아 있다.
페니는 창문에 다가가 몸을 숙이며 예의 바른 미소를 보내고는 유리창을 톡톡 친다.
악당은 자동차를 운전하며 창문을 내린다...

악 당 : (어질어질한 채) 뭐야?

페 니 : 칼리코 박사는 어디 있죠?

악 당 : 내가 말할 것 같아?

외부. 다리 - 잠시 후
볼트는 입에 차를 물고서 다리 가장자리 위로 차를 매달고 있다. 악당은 안에서 비명을 지른다.

악 당 : 볼리비아! 볼리비아! 칼리코는 볼리비아에 있어! 로가구아도 호수 근처야!

페 니 : 로가구아도 호수라구? 그걸 생각 못했네.

악 당 : 이런!

페니는 불빛이 비치는 소리를 듣고는 위를 쳐다본다. 그녀는 만 바깥에서 세 대의 공격용 헬기가 그들을 향해 날아오는 것을 본다.

페 니 : 가자 볼트! 서둘러!

볼트는 악당의 캐딜락 차량을 안전하게 아스팔트에 내려놓는다.

악 당 : (신음을 한다)

▫ shift into gear
기어를 바꾸다

▫ collide
충돌하다, 부딪치다
crash into each other

▫ thug
자객, 폭력배, 불량배
a violent person, especially a criminal

▫ thump
쿵하고 부딪치다(떨어지다)
to fall on or hit a surface hard, with a loud dull sound; to make something do this

Zoom In

▪ steely-eyed

'냉혹한 눈을 한'의 뜻으로 신체의 일부분은 과거분사로 복합어를 이루어 형용사가 된다. blue-eyed(파란 눈을 한), two-headed(쌍두의), bottle-nosed(주먹코의) long-eared(귀가 긴)

▪ The thug screams from within.

물론 within뒤에는 the car가 생략되어 있다. from within(~안으로부터)처럼 전치사는 이중전치사로도 쓰인다.

· From under the table 식탁 아래에서

Penny unfurls a scooter from her backpack, she revs the engine and they race off.
PENNY and BOLT race down the hilly city streets, the ATTACK HELICOPTERS in hot pursuit.
PENNY and BOLT weave through traffic, turn down alleys and around corners, trying to lose them.
During the chase, PENNY accesses her computer: A digital viewfinder lowers from her scooter helmet. She cycles through info.

PENNY : Bolivia. There's a flight leaving in ten minutes.

A compartment in the back of a helicopter opens and out drop six motorcycle ninjas.
Penny is surrounded! She guns her little scooter down the hill, but her pursuers are too fast.
She looks back, one of the ninjas is wearing an electrified glove! Electric lasers spark from his fingers.

PENNY : (gasp) Bolt! Zoom Zoom.

Penny presses a button on her scooter's handles. From a secret door, a retractable cord flies out. Bolt grabs the end of the cord in his teeth and with a blur of motion, he and Penny blast away.
They dart through traffic at lightning speed, between merging cars and under trucks.
Bolt sprints with unwavering determination.
But just then the ninjas return!
They veer left and into a warehouse. Two ninjas pursue. Bolt sprints towards the far end. It's a solid wall, but he's not stopping. He lowers his head and, BOOM! The wall blasts apart as he and Penny fly through. The pursuing ninjas crash to the ground.
Penny and Bolt exchange satisfied grins just as two ninjas jump from an overpass landing with a spray of sparks on either side of them.
As Bolt and Penny race down the freeway, one of the ninja bikers gives a SINISTER LAUGH as he throws a magnetic mine onto the side of a gasoline truck in the opposing lanes.

PENNY : Bolt! Fetch!

페니는 배낭에서 꺼낸 스쿠터를 펴서는 엔진 속도를 올리며 달려간다.
페니와 볼트는 구릉진 도시 거리를 달려 내려가고 공격용 헬기는 긴급히 추격한다.
페니와 볼트는 차량들 사이를 누비고 지나가 골목길과 모퉁이를 돌아 그들을 떨치려고 애를 쓴다.
추격 중에 페니는 컴퓨터에서 기억장치를 호출한다: 자기의 스쿠터 헬멧에서 디지털 파인더가 내려온다. 그녀는 정보를 순환시키는데.

페 니 : 볼리비아. 10분 후에 떠나는 비행기가 있어.

헬리콥터에서 뒤쪽의 칸이 열리며 여섯 명의 모터사이클 닌자가 떨어진다.
그녀는 포위된다! 그녀는 자신의 작은 스쿠터를 언덕 아래로 달리게 하지만 추격자들이 너무 빠르다. 그녀가 뒤를 돌아보자 닌자 중의 하나가 전기충격 장갑을 끼고 있다! 그의 손가락에서 전자 레이저 불꽃이 튄다.

페 니 : (헐떡인다) 볼트! 번개 달리기!

페니는 스쿠터 핸들 위의 버튼을 누른다. 비밀 문에서 감겨있던 줄이 날아온다. 볼트는 이빨로 그 줄 끝을 꽉 물고 흐려 보이는 동작으로 그와 페니는 발사되듯 달린다.
그들은 합류하는 자동차 사이로 그리고 트럭 밑으로 번개 같은 속도로 도로를 돌진한다. 볼트는 확고한 결단력으로 내달린다.
하지만 바로 그때 닌자들이 돌아온다!
그들은 왼쪽으로 방향을 바꿔 창고로 들어간다. 두 닌자들이 뒤 따른다. 볼트는 먼 끝 쪽을 향해 내닫는다. 그것은 딱딱한 벽이지만 그는 멈추지 않는다. 그는 머리를 낮추고 쾅! 벽은 부서져 터지며 그와 페니는 날아서 통과한다. 추적하던 닌자들은 부딪쳐 바닥에 딩군다.
페니와 볼트는 만족스러운 미소를 교환하는데 바로 그때 두 닌자가 고가 도로로부터 뛰어서는 그들 양쪽에 빗발 같은 불꽃을 내며 착륙한다.
볼트와 페니가 고속도로를 달려가자 닌자 오토바이 중 하나가 반대편 차선의 가솔린 트럭 옆에다 자석 지뢰를 던지면서 불길한 웃음을 웃는다.

페 니 : 볼트! 물어 와!

- **unfurl**
  (돛, 우산 등을) 펴다
  to open, or to make something open, that is curled or rolled tightly
- **rev**
  회전속도를 올리다
- **compartment**
  구획, 칸막이
- **retractable**
  쑥 들어가게 할 수 있는
  that can be moved or pulled back into the main part of something
- **unwavering**
  동요하지 않는, 확고한
- **veer**
  방향을 바꾸다
  (especially of a vehicle) to change direction suddenly
- **mine**
  지뢰, 수뢰, 기뢰

Zoom In

▪ There's a flight leaving in ten minutes.

시간을 표시할 경우 전치사 in은 주로 미래를 나타내어 '지나서, 후에'의 뜻이다.

· He will be back in a few days.
그는 2,3일 후에 돌아올 겁니다.

▪ They veer left and into a warehouse.

left는 명사만 있는 것이 아니라 형용사와 부사로도 쓰인다. 따라서 Turn to the left. 또는 Turn left.로 사용할 수 있다.

· Keep left. (= Keep to the left.)
우측 통행

Bolt leaps from one over pass to the other, chasing after the truck, weaving through traffic. Penny is being chased by two ninjas. One of them reaches towards her with his electric shock hands. Penny STRUGGLES to swerve out of the way, sending the ninja crashing to the ground. One is still on her tail.
Bolt is gaining on his target. Bolt grabs the mine off the truck like a frisbee and races up the side of the bridge along the guard rail, spotting a crane with a wrecking ball.
Bolt leaps to the crane and swings, landing on the back of a speeding train, the chopper in hot pursuit. The pilot takes aim and fires. Bullets rain down around Bolt. He skids to a stop and faces the chopper. He stares and lasers blast from his eyes, burning straight through the aircraft. The engines fail, the chopper tumbles and explodes. Bull's-eye! But still another chopper pursues!
This one drops a motorcycle ninja onto the train, close behind Bolt. The ninja fires a missile. Bolt leaps from the train, ninja, missile, and helicopter all on his tail. Across the overpass, he sees Penny, a ninja dangerously closes in on her.
A chopper appears from the abyss cutting off Bolt's path to Penny. The pilot takes aim, Bolt leaps! Time slows as Bolt sails over the chopper's whirling blades and lands safely on the other side. He and Penny race off just as the final rocket collides with the chopper and explodes. Bolt places the bomb on top of the ninja's head and splits. The ninja grabs the bomb, and as it clicks down to zero, he tosses it skyward... and hits the final chopper which bursts into flames. Angry with himself, the ninja smacks his head, and gets electrocuted by his own glove.
Bolt and Penny finally reunite.

PENNY : Good boy.

Penny spots a sign.

PENNY : Airport!

They turn down the off ramp towards safety, but an army of evil Hummers, ninjas on motorcycles and attack choppers fill the horizon.

볼트는 다른 쪽 고가도로로 뛰어 차량들 사이로 이리저리 빠져나가며 트럭을 추격한다. 페니는 두 명의 닌자에게 쫓기고 있다. 그 중 하나가 전자 쇼크 손을 그녀에게 뻗친다. 페니는 죽을 힘을 다해 거기에서 벗어나 닌자가 땅 바닥에 부딪치게 한다. 한 명은 아직도 그녀를 추격 중이다.
볼트는 목표물에 다가가고 있다. 그는 트럭으로부터 프리스비처럼 그 지뢰를 움켜쥐고는 가드 레일을 따라 다리 옆을 돌진해 오른다.
볼트는 크레인으로부터 뛰어 달려가는 기차 뒤에 착지를 하자 헬리콥터가 사납게 추격을 한다. 조종사가 조준을 하고 총을 발사한다. 총알이 볼트 주위에 빗발친다. 그는 미끄러지듯 멈추며 헬리콥터와 맞선다. 그가 노려보자 눈에서 레이저가 터져나오면서 곧바로 헬리콥터를 불 붙인다. 엔진은 멈추고 헬리콥터는 뒹굴면서 폭발한다. 명중! 하지만 여전히 또 한 대의 헬리콥터가 추적 중이다!
이 헬리콥터가 오토바이를 탄 닌자를 볼트 뒤쪽 가까이 기차 위로 떨어뜨린다. 그 닌자는 미사일을 발사한다. 볼트는 기차로부터 뛰어내리자 닌자, 미사일 그리고 헬리콥터가 그를 쫓아온다. 고가도로 건너편에서 그는 페니를 보는데 닌자가 위험하게 그녀 가까이에 접근한다.
헬리콥터가 볼트가 페니에게 가는 길을 막으며 밑에서 나타난다. 그 파일럿은 겨냥을 하자 볼트는 도약을 한다! 그가 헬리콥터의 빙글빙글 도는 날개 위로 날아가 반대편에 안전하게 내릴 때 시간은 느리게 간다. 그와 페니는 최종 로켓이 헬리콥터와 충돌하여 폭발할 바로 그때 황급히 달려 피한다. 볼트는 폭탄을 닌자의 머리 위에 놓고 갈라선다. 그 닌자는 폭탄을 쥐고 그것이 영까지 똑딱거리자 하늘 높이 그것을 던진다. 그것은 마침내 마지막 헬리콥터에 맞아 갑자기 화염에 휩싸이게 한다. 자신에게 화가 난 닌자가 자기 머리를 치자 자기 자신의 장갑에 의해서 감전되어 죽게 된다.
볼트와 페니는 마침내 다시 합친다.

페 니 : 잘 했어.

페니는 간판 하나를 본다.

페 니 : 공항으로!

그들은 안전을 향해 고속도로 출구로 돌아 나오지만 떼거지로 달려오는 악한 허머 차량들과 오토바이를 탄 닌자들 그리고 공격용 헬리콥터들이 지평선을 가득 채운다.

- **swerve**
  벗어나다, 빗나가다
- **Frisbee**
  프리스비(던지기 놀이의 플라스틱 원반, 상표명)
- **bull's-eye**
  명중, 적중
- **abyss**
  심연, 나락, 지옥
  a very deep wide space or hole that seems to have no bottom
- **whirl**
  빙빙 돌다, 선회하다
- **smack**
  찰싹 치다

Zoom In

▪ One is still on her tail.

"아직 한 녀석이 그녀를 바싹 붙어 따라온다"는 뜻으로 on one's tail은 '~을 미행하여, 바싹 붙어서'의 뜻이다.

· The dog followed on my tail out of breath.
그 개는 숨을 헐떡이며 나를 바싹 붙어 따라왔다.

▪ Bolt is gaining on his target.

"볼트는 자기 목표물에 접근하고 있다"의 뜻으로 gain on은 '~에 접근하다, 추적하다'는 뜻의 관용구다.

· Drive fast! The police are gaining on us!
빨리 몰아! 경찰이 우리에게 접근하고 있어!

PENNY : Uh oh.

Penny screeches to a halt, dead serious...

PENNY : Bolt. Speak.

Bolt growls, his eyes an unnatural green. YARRRRRP! The bark heard round the world sends the SUVs and ninjas flying. This is Bolt's best move yet -- the SUPER BARK!
All that is left is destruction.

PENNY : Okay, okay. Good job buddy.

Penny takes out her camera and snaps a photo with Bolt.

PENNY : Mission accomplished. (then) That's a keeper!

Penny lifts Bolt in her arms and begins to walk across the field. Destruction is all around them. Penny steps over fallen enemies as Bolt GROWLS with distaste.

PENNY : It's alright, tough guy. You got 'em all.

Penny climbs a set of stairs through a doorway of a silver trailer.

PENNY : Don't worry Bolt, you saved the day again.

As the door closes, a star with the name Bolt is revealed.
A bell rings as the camera pulls back.

페 니 : 어, 이런.

페니는 끽 소리를 내며 멈춘다. 아주 심각하다.

페 니 : 볼트, 짖어.

볼트는 눈을 괴이하게 녹색으로 한 채로 으르렁거린다. 야-아-압! 사방에서 들리는 그 짖는 소리는 스포츠 범용 자동차와 닌자들을 날려 보낸다. 이것이 볼트의 가장 멋진 수단이다. 슈퍼 짖기(멍멍)다! 남은 것은 온통 파괴뿐이다.

페 니 : 이제 그만 해. 그만 해. 잘 했어 친구.

페니는 자신의 카메라를 꺼내 볼트와 함께 사진을 찍는다.

페 니 : 임무가 완료됐음. (그리고는) 이건 기념용이야!

페니는 볼트를 들어 팔에 안고서 들판을 걷기 시작한다. 그들 주위로 온통 잔해가 널려 있다. 페니는 쓰러진 적들 위를 넘어 걸어가는데 볼트는 혐오스럽게 으르렁거린다.

페 니 : 이제 그만 해, 센돌아. 다 해치웠잖아.

페니는 은색 트레일러하우스의 출입구를 통해 한 세트의 층계를 오른다.

페 니 : 걱정 마 볼트, 오늘도 네가 이겼어.

문이 닫히자 볼트라는 이름이 들어 있는 별이 보인다.
벨이 울리면서 카메라는 뒤로 물러난다.

▫ **screech**
끽 소리가 나다
(of a vehicle) to make a loud, high-pitched unpleasant noise as it moves

▫ **screech to a halt**
끽 소리를 내며 멈추다

▫ **dead**
완전히, 아주, 전적으로

▫ **growl**
으르렁거리다
(of animals, especially dogs) to make a low sound in the throat, usually as a sign of anger

Key Expressions

10 Our puppy rights himself, his eyes locked on the little girl. 강아지는 눈을 어린 소녀에게 고정시킨 채 다시 일어난다.

his eyes locked on the little girl은 부대상황을 나타내는 분사구문으로 with his eyes locked on the little girl(그의 눈이 어린 소녀에게 고정된 채로)과 같다. 물론 locked는 과거분사이며, 이것이 생략되고 his eyes on the little girl로 표현해도 큰 무리는 없다.

· He was standing at the door with her face turned away from us.
= He was standing at the door, her face turned away from us.
그는 얼굴을 우리에게서 돌린 채 문가에 서 있었다.

12 She kisses him on the head. 그녀는 그의 머리에 입을 맞추었다.

이는 She kissed his head.와 같은 표현이다. 동사에 따라 전치사가 달라진다. 즉 '동사+목적어+전치사(on, in, by) + 목적어의 일부분'으로 표현한다.

· He hit me on the head. = He hit my head. 그는 내 머리를 때렸다.
· He caught me by the hand. = He caught my hand. 그는 내 손을 잡았다.

16 Which, of course, is wonderful news. 물론 그것은 반가운 소식이다.

관계대명사 which는 이처럼 앞 문장의 내용을 받아 단독으로 문장을 이끌기도 한다. 격식을 차린 구문으로 독립하여 Which~로 시작되기도 한다. 다만 계속적 용법의 which는 that으로 바꿔 쓸 수 없다.

· He studied hard in his youth, which contributed to his success in later life.
그는 젊은 시절에 열심히 공부했는데, 그것이 그가 만년에 성공하는 데 도움이 되었다.

16 Any luck getting our guest to spill his guts?

우리 손님께서 순순히 다 털어놓던가?

이 문장은 물론 Do we(you) have any luck getting our guest to spill his guts?의 준 말이다. Spill one's guts는 속어로 '(아는 것을) 모조리 털어놓다'의 뜻이다.

· Any questions? = Do you have any questions? 질문 있습니까?

24 Angry with himself, the ninja smacks his head.

자신에게 화가 나서, 그 닌자는 자신의 머리를 친다.

angry with himself는 분사구문으로 being angry with himself(= as he is angry with himself)와 같다. 이처럼 앞에 being이나 having been이 생략된 분사구문이 잘 쓰인다. 따라서 형용사나 명사로 시작되는 문장들이 잘 쓰이므로 분사구문인지 아닌지 잘 파악하여 분사구문인 경우에는 그에 알맞는 접속사를 찾아 해석해야 한다.

· Impatient with the heat, he left town for the country.
더위를 참을 수 없어서, 그는 도시를 떠나 시골로 내려 갔다.

26 All that is left is destruction. 남은 것은 온통 파괴뿐이다.

all이 관계사절을 이끄는 경우 단수 취급을 한다. 이 때 all은 대명사이며 '모든 것, 모두, 만사'의 뜻이다. 목적격의 관계대명사는 보통 생략된다.

· All you have to do is eat what you want.
네가 해야만 하는 것은 원하는 것을 먹는 것뿐이다.

Movie Talk
영어의 특징

애니메이션은 보통 어린이들을 대상으로 하는 소재와 내용이 보통이므로 그 스토리나 구성, 그리고 영어 재료에 있어서 어렵지 않은 편에 속한다. 하지만 이 작품은 보통의 애니메이션보다는 다소 수준이 높다고 말할 수 있다. 악당인 칼리코 박사 일당과의 대결을 다루고 있어 비록 전문적인 어휘는 아니지만 애니메이션 치고는 꽤 어려운 단어들이 많이 나온다. 물론 전반적으로 특별히 주목해야 할 속어나 사투리, 그리고 비어 표현도 없고 또 다소 어렵다고 느껴지는 구문도 눈에 띄지 않는다. 발음도 비교적 명확하고 연음 현상도 심하지 않으며 특이한 억양도 없다. 성우들은 비교적 또박또박 정확하게 발음하기 때문에 Listening에 매우 적절하다. 다만 등장인물들에 따라 말의 속도에 차이가 있어 전체적으로 말의 속도를 가늠하기가 쉽지 않다. 민디나 감독, 볼트의 매니저, 등은 빠른 편에 속한다. 그리고 고양이인 미튼스의 경우도 종종 말이 빠를 때가 있다. 표현에서도 대사의 양이 길지 않고 특수한 표현이 아니라 일반적인 상황에 대한 언어 자료로 구성되어 있다. 의외로 상투적인 관용적 일상표현은 많지 않은 편이다. 따라서 영어 학습을 위해서는 일반 극영화와 애니메이션 사이의 가교 역할을 할 수 있는 좋은 작품이라 할 수 있다. 물론 지문의 표현은 인물들이 펼치는 대사의 수준과 다르므로 학습자에 따라서는 어렵게 비춰질 수도 있을 것이다. 다른 대개의 극영화처럼 어디까지나 독해용 교재라고 생각하고 학습한다면 좋은 언어자료가 될 것이다. 대체적으로 〈베토벤〉이나 〈스튜어트 리틀〉 정도의 난이도로 생각하고 학습에 이용한다면 무리가 없을 것이다. 나날이 발전하고 있는 애니메이션의 기술 속에서 디즈니가 만든 영화의 마술에 몰입하다 보면 영어 학습 또한 마술적으로 효과를 거둘 것이다.

영어 난이도 Degree of Difficulty ★★☆☆☆

속도(speed) ★★☆☆☆ 표현(Expression) ★★☆☆☆ 어휘(Vocabulary) ★★☆☆☆

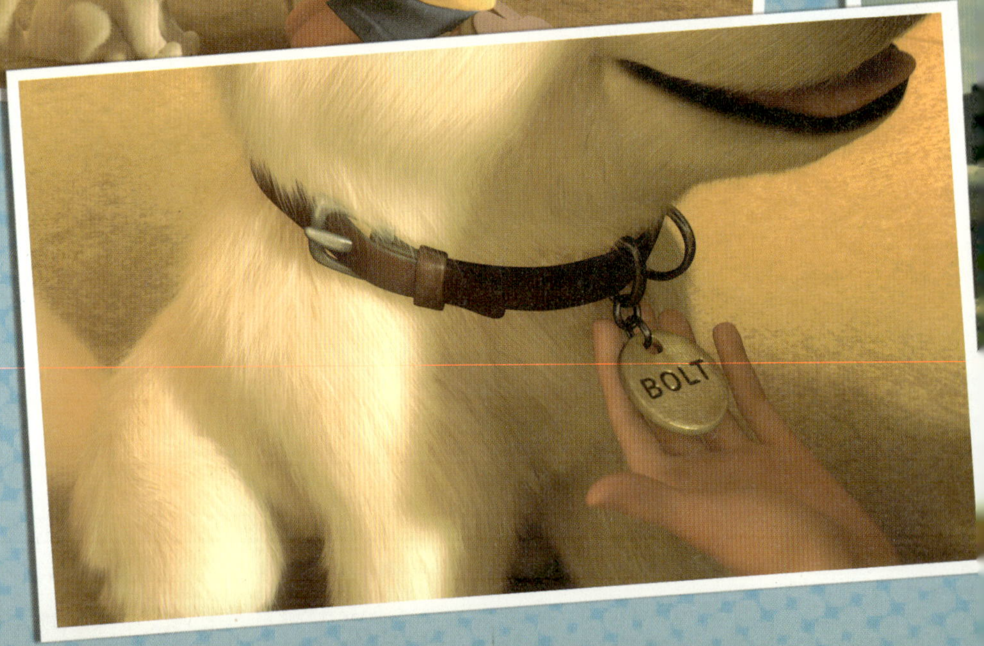
BOLT

Chapter 02

Penny & Bolt in Their Own TV Show

TV 드라마의 페니와 볼트

페니와 볼트는 지금 TV 드라마에 출연 중이다. 감독의 목표는 자신이 사랑하는 페니가 위험에 빠져 있음을 볼트가 진짜로 믿도록 만드는 것이다. 페니는 촬영이 끝난 후 볼트와 헤어져 있는 것이 너무나 슬프다. 한편 트레일러에 갇혀 있는 볼트에게 고양이들이 다가와 야유를 하지만 볼트가 페니를 보호하려는 마음엔 변함이 없다.

INT. SOUNDSTAGE

STAGE MANAGER : Alright. Good job, let's strike the set.

Fallen ninjas climb to their feet while a number of crew members step into the scene, cleaning up what was destruction, revealing that it is in fact a soundstage.

INT. EDITORIAL SUITE

On the screen plays Penny and Bolt's action packed escape.
The playback freezes. There's a boom mic in the shot. The crowd lets out a loud GROAN.

SET CREW/ACTORS : (disappointed groans) Aawws...

DIRECTOR : Boom-mic!

ASSISTANT DIRECTOR : We got a boom-mic!

EDITOR : It's a boom-mic.

The BOOM-MIC GUY cowers in the back.

DIRECTOR : That's sloppy... The dog could have seen that. He could have seen that!

MINDY : Uh... who cares if the dog sees a boom mic?

A tiny woman stands in the middle of the crowd.

DIRECTOR : Forgive me for answering a question with a question, but... (seething) Who are you?

내부. 영화 촬영을 하는 방음 스튜디오

무대 감독 : 좋아. 잘 했어. 세트를 철거하자.

쓰러진 닌자들이 일어나는 동안 많은 수의 영화 종사자들이 그 현장으로 들어와 파괴된 것들을 청소하면서 그곳이 사실은 영화 촬영을 하는 방음 스튜디오임이 드러난다.

내부. 편집실
스크린 위에서는 도망가는 장면들로 채워진 페니와 볼트의 연기가 펼쳐진다. 녹화한 재생 테이프가 정지한다. 그 장면에 붐 마이크가 있다. 사람들은 큰 소리로 탄식한다.

세트담당직원/배우들 : (실망한 신음소리) 아–아…

감 독 : 붐 마이크!

조감독 : 붐 마이크가 잡혔어!

편집자 : 붐 마이크야.

붐 마이크 담당자는 뒤에서 몸을 움츠린다.

감 독 : 멍청한 짓이야… 볼트가 봤을 수도 있단 말야. 그가 봤을 수도 있다고!

민 디 : 저… 볼트가 붐 마이크를 보던 말던 무슨 상관이죠?

자그마한 여자가 사람들 한 가운데 서 있다.

감 독 : 질문을 질으로 대답해서 정말 미안한데요… 하지만… (속이 끓어오르면서) 대체 댁은 누구시죠?

soundstage
영화촬영을 위한 방음 스튜디오

strike
(천막을) 걷어치우다, (무대장치, 소도구 등을) 철거하다

boom
마이크로폰 용 걸침대

cower
움츠리다, 위축되다
to slump down and/or move backwards because you are frightened

sloppy
너절한, 적당히 얼버무린
showing a lack of care, thought or effort

seethe
(화가 나서) 속이 끓어오르다
to exhibit a controlled anger

Zoom In

Good job.

You did a good job.은 칭찬의 뜻으로 "잘 했어"의 뜻이다. Well done! Good for you! That's the boy! 등도 잘 쓰인다.

· A: Daddy! I've got full marks in math.
아빠! 나 오늘 수학 시험에서 만점 받았어요.
B: Good job, my son. 잘 했구나, 얘야.

The crowd lets out a loud groan.

"모인 사람들은 큰 소리로 신음소리를 냈다"의 뜻으로 let out은 '입밖에 내다, 흘리다, 외치다(give a cry)'의 뜻이다.

· The students let out a scream of terror.
학생들은 공포의 비명 소리를 질렀다.

MINDY : Mindy Parker. From the network.

DIRECTOR : (sotto) Of course. (then) Let me ask you, Mindy from the network, what do you see here?

He gestures toward the monitor with Bolt on screen.

MINDY : Uh... the dog.

DIRECTOR : "The Dog-," she says. Oh, Mindy. Poor, poor Mindy.

Mindy looks confused.

MINDY : Am I missing something?

DIRECTOR : YOU'RE MISSING EVERYTHING, MINDY! (then) You see a dog. I see an animal who believes with every fiber of his being - EVERY FIBER - that the girl he loves is in mortal danger. I see a depth of emotion on the face of that canine the likes of which has never been captured on screen before. NEVER, MINDY FROM THE NETWORK!

MINDY : Hmm...

DIRECTOR : We jump through hoops to make sure that Bolt believes everything is real. It's why we don't miss marks,

민 디 : 방송사에서 나온 민디 파커에요.

감 독 : (방백으로) 그러시군요. (그리고는) 한 가지 물읍시다. 방송사에서 나온 민디씨, 여기 보이는 게 뭡니까?

그는 스크린에 볼트가 나와 있는 모니터를 향해 손짓을 한다.

민 디 : 어… 개군요.

감 독 : "개"가 보인다고 그러시네. 오, 민디씨. 딱하고 딱한 민디씨.

민디는 당황스러운 모습이다.

민 디 : 내가 뭔가를 놓치고 있나요?

감 독 : 당신은 지금 모든 걸 놓쳤어요, 민디씨! 당신 눈엔 개가 보이지만 내 눈엔 자기가 사랑하는 소녀가 대단한 위험에 빠졌음을 진짜로 믿고 있는 동물이 보인단 말입니다. 진짜로 믿고 있는… 내 눈엔 지금까지 어느 영화에서도 찾아볼 수 없었던 비장한 개의 표정이 사실처럼 보인다 이 말입니다. 알겠어요? 방송사에서 나온 민디씨!

민 디 : 흠…

감 독 : 우린 볼트가 모든 걸 실제 상황이라고 믿게 하려고 애를 씁니다. 그래서 실수는 절대로 안 돼요.

- **sotto**
  방백으로, 낮은 소리로
  sotto voce: in a quiet voice so that not everyone can hear
- **fiber**
  기질, 성질, 근성
  a metaphorical component of a person's inner character
- **mortal**
  (공포, 위험 등이) 대단한, 무서운
  so extreme that it could lead to death
- **canine**
  개
  a dog or related animal

Zoom In

▪ the likes of which

like는 정관사 the나 소유격인 one's와 더불어 명사로 쓰여 '같은 사람(것), 동등한 것, 같은 부류의 사람 것' 등의 뜻으로 쓰인다. 물론 of which는 소유격의 관계대명사 구문으로 '그와 같은 것들'의 뜻이다.

▪ jump through hoops

이 관용구는 구어체로 '고생하다, 시련을 겪다, 남이 시키는 대로 하다 (to do something difficult or complicated in order to achieve something)'의 뜻이다.

· He really made me jump through the hoops. 그는 정말로 내가 시련을 겪게 만들었다.

DIRECTOR : it's why we don't reshoot, and it's why we most certainly DO NOT LET THE DOG SEE BOOM MICS! (calming down) Because, Mindy from the network, if the dog believes it... the audience believes it.

The crew MUMBLES in agreement.

MINDY : Wow. Okay. You want reality? Here you go, chief. The show's too predictable. The girl's in danger, the dog saves her from the creepy English guy, we get it: there's always a happy ending. And our focus groups tell us 18 to 35 year-olds are unhappy. They're not happy with happy. So, maybe you should –I don't know– spend a little less time worrying about the dog's method–acting -and more time figuring out how to stop 20 year-olds in Topeka from changing the channel. Because if you lose so much as half a rating point, so help me I will fire everyone in this room, starting with you. How's that for real?

She EXITS.

감 독 : 재 촬영도 용납이 안 돼요. 그래서 붐 마이크가 저 개의 눈에 띄면 안 되는 거죠! (진정하면서) 왜냐면, 방송사에서 나온 민디씨, 개가 실제라고 믿고 있다면… 시청자도 같이 믿게 되니까요.

사람들이 그 말에 동의를 하며 중얼거린다.

민 디 : 와우. 좋아요. 실제 같길 원해요? 한마디 할게요, 감독님. 이 드라마는 너무 뻔해요. 소녀가 위험에 처하고 개는 그 소름 끼치는 악당으로부터 소녀를 구해내죠. 언제나 해피 앤딩이에요. 18세에서 35세 시청자들이 불만이 많다는 소비자 단체의 보고서도 있어요. 그런 해피 앤딩 안 좋아하죠. 그러니 개를 연기하게 만드는데 신경 쓸 시간에 어떻게 하면 토피카에 사는 20살짜리가 채널을 딴 데 돌리지 않게 만드나 그거나 연구하세요. 왜냐면 앞으로 시청률이 0.5 퍼센트 내려간다면 이 방에 있는 모든 사람들 잘라버릴 테니까요, 당신부터 시작해서. 이거 실제 상황이에요.

그녀가 나간다.

- **reshoot**
  재 촬영하다
- **mumble**
  중얼(웅얼)거리다
  to speak or say something in a quiet voice in a way that is not clear
- **creepy**
  소름 끼치는, 오싹한
  causing an unpleasant feeling of fear or slight horror
- **figure out**
  해결하다, 이해하다
- **rating**
  (라디오, TV) 시청률

Zoom In

▪ focus group

포커스 그룹이란 상품 개발이나 판촉, 선거 전략 등에 대해 집단 토의를 하기 위해 모인 여러 사회 계층을 대표하는 소비자나 유권자 그룹을 말한다.

▪ method-acting

매소드 연기(맡은 배역에 몰입하여 연기하는 것, 그 연기법)는 1947년 미국에서 설립된 액터스 스튜디오에서 채택된 연기 스타일이다. 이 방법은 완전히 자연스럽게 연기하기 위해 연기자의 자아에 그가 맡은 배역의 생각, 감정, 성격 등을 집어넣는 것이다.

INT. BOLT'S TRAILER

Penny tapes the photo she just took to the wall. As the camera pulls out we see that there are dozens more photos of the co-stars, taken in the same manner, from their many adventures together. Penny stands back to admire her handiwork.

PENNY : There. Perfect. You saved me again, Bolt.

Still very agitated, Bolt stands guard by the door. Sounds from the set crew outside snap him instantly to alert mode.

PENNY : It's okay, it's nothing. No more bad guys.

But the sounds continue and Bolt remains at his post. Penny crosses to the table.

PENNY : Do you want some food, Bolty? Huh? Are you hungry?

Penny fills his dog bowl, and places it on the floor.

PENNY : You got 'em, Bolt. No one's gonna hurt me. (then) Bolt, look at me. I'm fine, see?

PENNY : Come here, buddy, come here.

Unfazed, Bolt stands guard.

PENNY : Go get it, Bolt! Go get it!

Penny tosses a ball, it rolls past but Bolt is not interested.

내부. 볼트의 트레일러

페니는 벽에다 사진을 테이프로 붙인다. 카메라가 물러나면서 같은 방식으로 붙여진, 함께 많은 모험을 한 동료 연기자들의 사진이 수십 장 보인다. 페니는 뒤로 물러서 자신이 한 작업을 감탄하며 바라본다.

페 니 : 자. 완벽해. 네가 또 날 구했구나, 볼트.

여전히 매우 흥분한 채 볼트는 문 옆에서 감시를 한다. 밖의 세트 직원들 소리가 들리자 그는 즉각 경계 태세에 들어간다.

페 니 : 괜찮아, 아무것도 아냐. 악당들은 이제 없어.

하지만 소리는 계속되고 볼트는 맡은 자리에 그대로 있다. 페니는 테이블로 간다.

페 니 : 너 뭐 좀 먹지 않을래, 응? 배고프지 않니?

페니는 개밥 그릇에 음식을 채워서 바닥에 놓는다.

페 니 : 네가 다 물리쳤잖아, 볼트. 아무도 날 해치지 못해. (그리고는) 볼트, 날 좀 봐. 이렇게 멀쩡하잖니?

페 니 : 이리와, 볼트, 이리와.

미동도 않은 채 볼트는 감시를 한다.

페 니 : 공 물어와, 볼트! 어서 물어와!

페니가 공을 던져 굴러 지나가지만 볼트는 관심이 없다.

▫ handiwork
솜씨 좋은
the resulting efforts of having created or effected something by one's own hand's

▫ agitated
흥분한, 동요한
showing in your behavior that you are anxious and nervous

▫ stand guard
보초 서다, 감시하다

▫ unfazed
마음이 동하지 않은, 당황하지 않은
not worried or surprised by something unexpected that happens

Zoom In

▪ Bolt remains at his post.

post는 '맡은 자리, 부서, 경계구역, 초소'의 뜻이며, at one's post는 '맡은 자리(부서)에서, 임지에서'의 뜻이다.

· The soldier was punished for falling asleep at his post. 그 병사는 경계 초소에서 잠이 들었다고 처벌을 받았다.

▪ You got 'em, Bolt.

"네가 그들을 해치웠어, 볼트."의 뜻으로 여기서 get은 구어체로 '해치우다, 복수하다, 압도하다'의 뜻이다.

· You've got me there.
그 점에선 손 들었네.

PENNY : Yeah, that one's no fun either.

PENNY : (gasp) Well what do we have here? Your old buddy, Mr. Carrot!

She gives it a few squeezes and finally catches Bolt's attention. He glances over, but immediately returns to guard-dog mode.
Her phone begins to buzz. She SIGHS. Time's up.
Bolt GROANS and positions himself in front of the door, hoping to make her stay.

PENNY : Oh Bolt, you know I have to go.

Penny moves him away from the door and kneels down to give him a hug.
They rub foreheads and she kisses him.

PENNY : Yeah, you're my good boy.

Heartsick, Penny turns and walks out of Bolt's trailer. Bolt WHINES and stares at the door missing her.

INT. SOUNDTAGE - CONTINUOUS

Penny stands on the steps of the trailer, staring at the closed door. From around the corner appears the AGENT.

AGENT : There she is, my little super star! Let's get to that Teen Vogue cover shoot.

Penny is preoccupied.

페 니 : 그래, 이건 별로 재미가 없구나.

페 니 : (숨이 막힌다) 어, 아니 이게 여기 있었구나? 네가 좋아하는 인형이, 당근 아저씨네!

그녀는 그 인형을 몇 번 누르면서 결국 볼트의 주의를 끈다. 그는 힐끗 쳐다보지만 즉시 경비견 태도로 돌아간다.
그녀의 전화가 울리기 시작한다. 그녀는 한숨을 쉰다. 시간이 다 됐다.
볼트는 끙끙거리며 그녀가 머물기를 바라면서 문 앞에 자리를 잡는다.

페 니 : 오, 볼트, 나 이제 가야 하는 거 알잖아.

페니는 그를 문에서 떼어놓으며 무릎을 꿇고 앉아 그를 포옹한다.
그들은 서로 이마를 비비고 그녀는 볼트에게 키스를 한다.

페 니 : 그래, 넌 내 착한 강아지야.

풀이 죽은 채 페니는 돌아서서 볼트의 트레일러를 걸어나간다. 볼트는 낑낑거리며 그녀가 그리워 문을 응시한다.

내부. 방음 스튜디오 – 계속
페니는 트레일러의 층계에 서서 닫힌 문을 쳐다본다. 모퉁이 주위에서 매니저가 나타난다.

매니저 : 아, 여기 있었네, 우리 귀여운 슈퍼 스타! 어서 가서 '틴 보그' 잡지 표지 사진 찍자고.

페니는 정신이 팔려 있다.

- **squeeze**
  압착, 짜냄
  an act of pressing something, usually with your hands
- **heartsick**
  상심한, 풀이 죽은, 의기소침한
  extremely unhappy or disappointed
- **whine**
  낑낑거리다, 흐느끼다
  to complain in an annoying, crying voice
- **preoccupied**
  몰두한, 정신이 팔린
  thinking and/or worrying continuously about something so that you do not pay attention to other things

Zoom In

▪ That one's no fun either.

fun은 보통 be 동사의 보어로 쓰여 '재미있는 것(사람)'의 뜻으로 형용사가 붙어도 부정관사는 안 쓴다. either는 부정문에서 '~도 또한'이다.

· A picnic would be great fun.
소풍 가면 아주 재미있을 거다.

▪ Let's get to that Teen Vogue cover shoot.

여기서 get to는 '~에 착수하다, ~과 연락하다, ~을 하기 시작하다'의 뜻이다. Teen Vogue는 유명한 패션 잡지 이름이다.

· Now then, get to it.
자, 일을 시작하세요.

PENNY : Mom, I wanna take Bolt home this weekend.

MOM : Well, I, um, well that would be—

AGENT : Ah that'd be nice, that'd be great, that would. A little girl and her dog. Nothing better than that.

PENNY : So... I can... bring Bolt home?

AGENT : As your friend, I say yes! Absolutely! But as your agent, I have to remind you, this is Bolt's world. He has to stay right here. Okay. Let's go.

PENNY : But he never gets to be a real dog! And it would only be for the weekend! And I just want—

AGENT : You know what? It's a fair question. Let's do this: Let's put a pin in it. —BOOP— Pin in. There you go. Now let's let that hang there a bit, and then we'll address that when we've thought things through. Okay? Good enough for everybody? Smiles all around, let's get out of here! Come on.

PENNY : I don't need to think it through. I want to take Bolt home.

AGENT : Look at this face. I have a little girl at home, love of my life. I would do anything for her. And I would trade her for you in a heartbeat. True story. <u>That reminds me, ah, we need to be getting over to wardrobe.</u> Clip, clip let's go!

페 니 :	엄마, 주말에 나 볼트 집에 데려가고 싶어요.
엄 마 :	글쎄, 난, 저, 그건…
매니저 :	아, 그거 아주 좋지. 멋질 거야. 꼬마 소녀와 그 소녀의 강아지. 그림 끝내주겠네.
페 니 :	그렇다면… 볼트를 집에 데려가도 돼요?
매니저 :	친구로서 말하자면, 당연히 데려가도 되지! 하지만 매니저로서 말하는데, 명심해 둬. 여기가 바로 볼트의 세상이야. 그는 바로 여기 있어야 돼. 좋아. 그럼 그만 가자.
페 니 :	하지만 볼트는 늘 갇혀 살잖아요! 이번 주말만 데려갈게요! 제발 한 번만…
매니저 :	그래 듣고 보니까 네 말도 일리는 있구나. 이렇게 하자. 우리 다음에 의논하자. 뽕! 던져! 이제 그거 핀으로 메모판에 꽂아놓고 생각해본 뒤 다시 한번 얘기하자고. 알았지? 그럼 아무 불만이 없는 거지? 좋은 게 좋은 거잖아. 그만 여기서 나가자! 어서.
페 니 :	생각할 것도 없어요. 전 볼트를 집에 데려가고 싶어요.
매니저 :	이 천진한 얼굴 좀 봐. 나도 너만한 딸이 있단다. 내 생명 같은 애지. 그 앨 위해서라면 뭐든지 다 해줘. 하지만 너를 위해서라면 딸도 포기할 거야. 진심이다. 그러고 보니까 어서 가서 옷 갈아 입어야 되겠구나. 자, 서둘러, 어서 가자고!

- **boop**
  뽕(의성어)
- **think through**
  (해결, 결론에 이를 때까지) 충분히 생각하다, 생각 끝에 해결하다.
- **heartbeat**
  심장의 고동, 핵심
  a moment as brief and meaningful as a single pulse of a heart
- **wardrobe**
  (극장 등의) 의상실, 옷장, 양복장, 의상
  the department in a theatre or television company that takes care of the clothes that actors wear
- **clip**
  재빠르게 움직이다, 빨리 날다

Zoom In

▪ You know what?

구어체에서 흔히 사용되는 이 표현은 무슨 말을 시작하면서 상대방의 주의를 끌기 위해 "있잖아, 저기 말이야"라고 말할 때 사용하는 구절이다. 말문을 트는 표현이므로 특별히 해석을 하지 않아도 될 때가 많다.

▪ Let's put a pin in it.

이 표현은 2차 대전 중 수류탄에 핀을 꽂아둔다는 말에서 유래된 것으로 '그건 나중에 얘기해 보자(let's come back to that later), 그 생각은 삼가자(hold that thought)'의 뜻이다.

· Let's just put a pin in that, for now.
지금은 그것에 대해 얘기하지 맙시다.

PENNY : But I— I just—

Penny is whisked away by a swarm of set people.

HAIR STYLIST : I need her in hair. I'm thinking we go curly but straight.

MAKEUP ARTIST : Can I get her for five minutes in makeup? I wanna go for something more... natural.

CREW MEMBER 1: We have to shoot two stand-alones.

CREW MEMBER 2 : Don't forget the camera test.

CREW MEMBER 3 : We need you to read tomorrow's script.

The soundstage doors shut, leaving Bolt alone inside his trailer. But not for long. Calico's cats enter the stage. They scale the side of Bolt's trailer and peer down at him through the skylight.

NEW GUY : So the dog thinks this is all real?

VETERAN : Oh yeah, you're new. Guy never leaves the set. It's unbelievable. Whenever I get the chance, this is the perfect way to unwind... (they hop on top of Bolt's trailer) I like to start with an evil laugh. (laughs)

Bolt lies in his trailer. He hears the cats and looks up.

BOLT : Hello, hairballs.

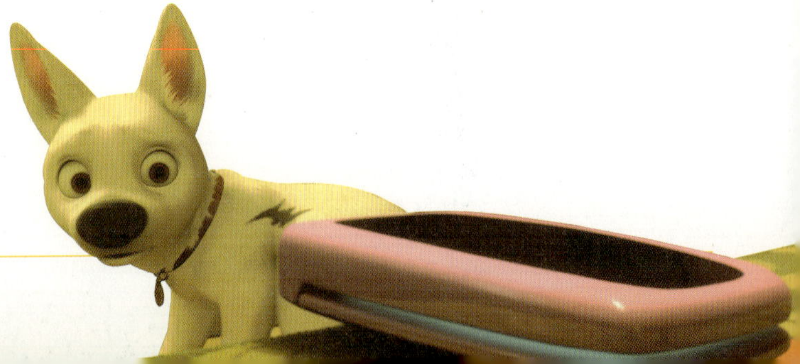

패 니 : 하지만 난… 그냥…

페니는 한 무리의 사람들에 의해 이끌려간다.

헤어디자이너 : 머리부터 해야 돼. 곧은 머리가 아니라 곱슬한 머리를 생각 중이야.

분장사 : 분장에 5분 정도 줄 수 있어? 뭔가 더… 자연스런 느낌이 나야 되거든.

스태프 1 : 두 고립 장면을 찍어야 돼.

스태프 2 : 카메라 테스트를 잊어선 안 돼.

스태프 3 : 넌 내일의 대본을 읽어야 해.

스튜디오 문이 닫히면서 볼트는 트레일러 안에 홀로 남는다. 하지만 잠시후 칼리코의 고양이들이 무대에 들어온다. 그들은 볼트의 트레일러 옆을 벗기고 채광창을 통해서 볼트를 내려다 본다.

신 참 : 그러니까 걔는 이게 다 진짜인 줄 아는 거야?

베테랑 : 그렇대도. 넌 새로 와서 몰라. 저 친군 세트장에서만 살아. 정말 믿어지지 않지. 난 기회만 생기면 놀려 먹는 게 삶의 낙이야. (그들은 볼트의 트레일러 위로 뛰어오른다) 악한 웃음으로 시작해볼게. (웃는다)

볼트는 트레일러 안에 누워 있다. 그는 고양이들 소리를 듣고 올려다 본다.

볼 트 : 안녕, 도둑 고양이들.

- **whisk away**
  쫓아내다, 확 끌어가다
  to take somebody/something away very quickly and suddenly
- **curly**
  고수머리의
  having a lot of curls or a curved shape
- **stand-alone**
  독립한, 독립장면
- **skylight**
  채광창, 천공창
  a small window in a roof
- **veteran**
  노련가, 노병, 베테랑
  a person who has a lot of experience in a particular area or activity
- **unwind**
  긴장을 풀다, 편한 마음을 갖게 하다
  to stop worrying or thinking about problems and start to relax

Zoom In

▪ We go curly but straight.

머리를 치장하는데 있어 curly는 straight의 반대되는 모양이다. go는 형용사와 같이 쓰여 '(어떠한 상태에) 있다, (어떤 상태를) 계속하다'의 뜻이다.

· The soldiers went hungry (naked, thirsty).
병사들은 굶주려(벗고, 목말라) 있었다.

▪ Hello, hairballs.

hairball은 원래 소나 고양이 등이 몸을 핥음으로 해서 위장 속에 생기는 털뭉치를 말하지만 여기서는 속어로 '마땅찮은 녀석(an obnoxious person), 어렵고 불쾌한 것(something difficult or unpleasant)'을 뜻한다.

VETERAN : You may have won today, Bolt. But in the end, we will get your little Penny.

BOLT : Not likely, cat, for you have chosen to follow the path of evil. Ultimately it will destroy you, along with your fiendish puppet master.

NEW GUY : Wow.

VETERAN : I know, right? Okay, watch this. (to Bolt) She's a GONER, dog. The Green-Eyed Man has a plan, and soon he will execute it!

NEW GUY : Yeah! And then... he will... execute... her! (He laughs, pathetically)

VETERAN : (impressed) Nice!

BOLT : I would superbark you both back into the hole you crawled out of, but I need you alive. Because I've got a little message for you to take back to your Green-Eyed Man. You tell him his old friend Bolt said he better--

VETERAN : Is it long?

BOLT : Is what long?

VETERAN : The message. Is it a long message? Because, I have a horrible memory.

BOLT : Yeah, I'll make it brief, alright? You tell him, I said I'm gonna-

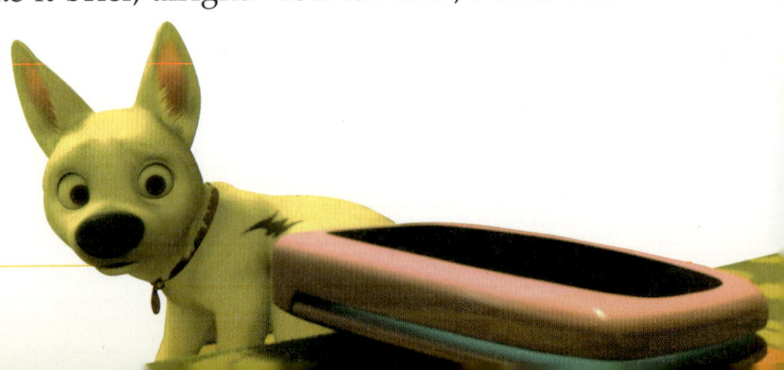

베테랑 : 오늘은 네가 이겼을지 몰라, 볼트. 하지만 언젠가는 네 페니를 꼭 없애버리고 말 거야.

볼 트 : 누구 맘대로 그래. 너희는 악당이니까 언젠간 벌을 받고 아주 비참하게 죽게 될 거야. 못된 악질 두목과 함께 말이야.

신 참 : 와우.

베테랑 : 내가 한 말 맞지? 좋아, 이제 잘 봐. (볼트에게) 이제 페니는 끝났어. 그 녹색 눈 인간이 음모를 꾸몄으니까 얼마 안 가서 실행에 옮길 거라고!

신 참 : 맞아! 이제 곧… 그가… 네 주인을… 없앨 거야! (그는 애절하게 웃는다)

베테랑 : (감명을 받고) 잘했어!

볼 트 : 내 슈퍼목청으로 짖어 네놈들을 순식간에 응징하고 싶지만 살려주겠다. 왜냐하면 네 놈들이 녹색 눈 인간한테 가서 전해야 할 말이 있어서야. 이 정의의 용사인 볼트가 그 놈한테 이르는데 다시는…

베테랑 : 길게 얘기할 거냐?

볼 트 : 뭘 길게?

베테랑 : 전할 말 말이야. 전할 말이 기냐고? 왜냐면 난 기억력이 형편없거든.

볼 트 : 그럼, 간단하게 하지, 됐냐? 가서 전해, 내가 곧…

▫ **along with**
~와 같이, 함께

▫ **fiendish**
악마 같은, 극악한
cruel and unpleasant: extremely clever and complicated, often in an unpleasant way

▫ **puppet**
꼭두각시, 괴뢰, 앞잡이
a person or group whose actions are controlled by another

▫ **execute**
처형하다, 죽이다, 사형에 처하다
to kill somebody, especially as a legal punishment

▫ **pathetically**
애절하게, 감상적으로

Zoom In

▪ You may have won today, Bolt.

<may have + P.P.>는 과거의 불확실한 추측을 나타내어 '~했(었)을 지도 모른다'는 뜻을 갖는다.

· Her weight may have gone down.
그녀의 체중이 줄었을지도 모른다.

▪ Is what long?

앞에 Is it long?이라고 물으니까 "뭐가 길어?"라고 반문하는 의문문으로 it 대신 명사인 what가 그 자리에 쓰인 것이다. 이처럼 의문사인 what은 뜻에 따라 문법에 상관없이 삽입될 수 있다.

VETERAN : You know what? Why don't we do this... (to New Guy) You remember the first half of the message, and then, I'll remember the second, and then we can pass it on to the Green-Eyed Man together.

BOLT : I don't care how the message is translated, alright, just do it! Okay, tell the Green-Eyed Man... that I will not sleep, I will not rest, until my Penny is safe from his evil clutches! You tell the Green-Eyed Man that reckoning day is coming-

VETERAN : WHOA, WHOA, whoa. Way too many words. I was like, 'what?' And then I was like, 'huh?' And then, I got a little bored... and something about clutches? Anyway, I'll do my best. Ciao!

He exits.

NEW GUY : By the way, huge fan, love it, love you, gotta go, thank you.

He exits.

BOLT : Get back here, you sick, revolting, loathsome little—

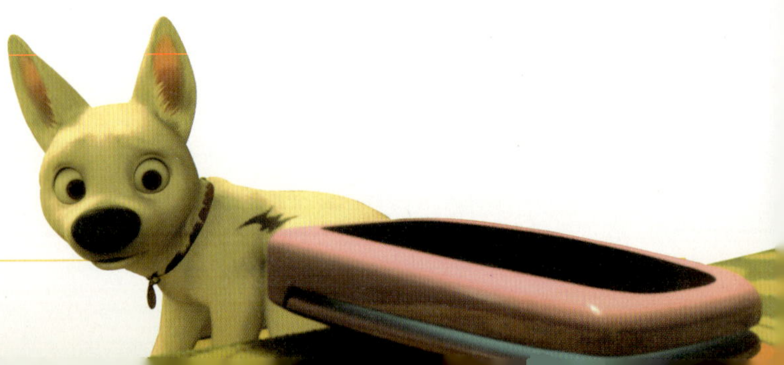

베테랑 : 아냐, 이렇게 하자고. (신참에게) 일단 네가 사연의 전반부를 외워. 그 다음 내가 후반부를 외우지. 그리곤 그걸 합쳐서 녹색 눈 인간에게 전하자고.

볼 트 : 내 말을 어떤 식으로 전하든 그건 내가 알 바 아니야. 그냥 전해줘! 녹색 눈 인간한테 전하라고… 페니가 마수한테서 안전해질 때까지 잠도 안 잘 거라고 말이야! 그리고 녹색 눈 인간한테 또 전해, 최후의 심판일이 다가오고 있…

베테랑 : 와, 와, 와. 말이 너무 많은 걸. 내가 들은 단어는 '뭐?' 그리고 나서는 '어?' 같은 것뿐이야. 그 다음엔 좀 지겨워져서… 마수가 어쨌다고? 아무튼 최선을 다할게. 안녕!

그는 나간다.

신 참 : 그런데 말이야, 난 네 왕 팬이야. 멋있어. 가볼게, 고마워.

그는 나간다.

볼 트 : 돌아오지 못해? 이 재수 없고, 밥맛 없고 지저분한 악당들…

- **clutch**
  마수, 수중, 위기
- **reckoning**
  (행위, 죄 따위의) 결산, 응보, 벌
  a time when somebody's actions will be judged to be right or wrong and they may be punished
- **reckoning day**
  최후의 심판일, 결산일
- **revolting**
  불쾌감을 일으키는, 지긋지긋한
  extremely unpleasant
- **loathsome**
  싫어서 견딜 수 없는, 메스꺼운
  extremely unpleasant; disgusting

Zoom In

Way too many words.

way too에서 way는 부사나 전치사를 강조하는 부사로 '훨씬, 멀리'의 뜻을 갖는 속어 표현이다.

· Way too long.
너무 길군 그래.

by the way

이 관용 표현은 '말이 난 김에, 그런데 말이야, 그건 그렇고, 도중에' 등의 뜻을 갖는데 대화 도중에 화제를 전환할 때 주로 사용한다.

· By the way, have you seen anything of Carter lately? 그런데, 최근에 카터를 만난 일 있소?

INT. SOUNDSTAGE

The pair walk back to their cages smiling broader with every angry bark that echoes from the trailer.

VETERAN : Dogs.

INT. BOLT'S TRAILER.

BOLT : Cats.

Bolt, still very upset, settles himself on the floor in front of the door.

BOLT : I'll never let them get you, Penny.

INT. BOLIVIA JUNGLE SET - THE NEXT DAY

Penny and Bolt are running through the jungle. A few steps behind, half hidden by the foliage, a camera man and boom mic race after the shot.
Penny and Bolt crouch behind a bush and plan their attack.

PENNY : You ready Bolt?

Across the way, a van idles outside of an "ancient" temple. The van is marked with Calico's emblem. The temple door opens.

BOLT : (growl)

INT. CONTROL ROOM - CONTINUOUS

DIRECTOR : Let's widen out camera 3. Ready 4. Go 4. Ready 5. Go 5.

(then) And... driver.

내부. 방음 스튜디오
그 둘은 트레일러에서 울리는 화난 멍멍 소리를 듣고 더 환한 웃음을 지으면서 자신들의 우리로 돌아온다.

베테랑 : 개들이란.

내부. 볼트의 트레일러

볼 트 : 고양이들이란.

볼트는 여전히 아주 심사가 뒤틀린 채 문 앞 바닥에 앉는다.

볼 트 : 네 놈들이 페니 근처에 얼씬만 해봐라.

내부. 볼리비아 정글 세트 – 다음 날
페니와 볼트는 정글을 뚫고 달린다. 몇 발자국 뒤에 초목의 잎에 반쯤 가려진 채 카메라맨과 붐 마이크가 장면을 쫓아 달린다.
페니와 볼트는 덤불 뒤에 웅크리고 앉아 공격을 계획한다.

페 니 : 볼트, 준비됐어?

길 건너에 벤 한 대가 "고대의" 사원 밖에 시동을 켠 채 서 있다. 그 벤은 칼리코 문장으로 표시되어 있다. 사원 문이 열린다.

볼 트 : (으르렁거린다)

내부. 통제실 – 계속

감 독 : 3번 카메라를 좀 넓게 잡고 4번 카메라 대기. 4번 카메라 고. 5번 대기. 5번 고. (그리고 나서) 이제… 운전자.

- **foliage**
(초목의) 잎, 군엽

- **idle**
엔진을 헛돌리다, 공전하다
(of an engine) to run slowly while the vehicle is not moving

- **emblem**
상징적인 문장(무늬)
a design or picture that represents an individual, entity or organization

Key Expressions

36 The dog could have seen that. 개가 그걸 봤을 수도 있어.

<could have + p.p>는 조건절의 내용을 언외에 함축한 주절만의 문장에서 완곡적으로 쓰여 '~할 수 있었을 텐데, ~하는 것이나 마찬가지였다' 등의 뜻을 갖는다.

· He could have been speaking to a large audience.
그는 많은 청중에게 이야기하고 있는 거나 마찬가지였다.

38 I see an animal who believes with every fiber of his being that the girl he loves is in mortal danger.

난 자신이 사랑하는 소녀가 위험에 빠졌다고 진심으로 믿고 있는 동물이 보인다.

with every fiber of one's being은 문어체로 '아주 진심으로(very deeply), extremely(정말로, 매우), very strongly(매우 강하게)'의 뜻을 갖는 관용구다.

· I love my country with every fiber of my being.
나는 매우 진심으로 조국을 사랑한다.

42 Still very agitated, Bolt stands guard by the door.

여전히 아주 동요되어, 볼트는 문 옆에서 감시를 한다.

원래 과거분사가 명확한 수동으로 쓰였을 경우에는 much로 수식하는 것이 보통이나 구어체에서는 특히 감정이나 심적 상태를 나타내는 경우 과거분사가 형용사처럼 취급되어 very가 쓰인다.

· I was very puzzled what to answer. 난 뭐라고 대답해야 할지 몰라 매우 당황했다.

42 Go get it. 가서 물어와라.

원래는 Go and get it. 또는 Go to get it.의 뜻이지만 특히 구어체에서는 go나 come 등의 동사는 뒤에 and나 to를 생략하고 Go get it.로 표현할 때가 많다.

· Go see a doctor at once. 당장 의사의 진찰을 받아라.

· Come see me tonight at the party. 오늘 밤 파티에 와서 날 만나라.

46 That reminds me, ah, we need to be getting over to wardrobe. 그러고 보니 생각이 나는데 어서 의상실로 가야겠어.

That reminds me는 보통 갑자기, 문득 생각이 났을 때 쓰는 표현이다. 예를 들면 다음과 같다.

· "Oh, that reminds me," said John. "Where's the football?"
"아, 그러고 보니 생각이 나는데," 존이 말했다. "그 축구공 어디 있지?"

하지만 잊지 말고 상기시켜 달라고 할 때에는 아래와 같이 쓰인다.

· Remind me not to take it out on Jack.
잭에게 화풀이 하지 않게 나한테 다시 한번 말해줘.

54 Ready 4. Go 4. Ready 5. Go 5. 4번 대기. 4번 고. 5번 대기. 5번 고.

Ready.는 단독으로 쓰여 '준비.'의 뜻이다. 원래는 Get ready.가 준 표현이다. 특히 경기 같은 데서 '준비가 되어 있는'의 뜻이다.

· Ready, set, go! (= Ready steady, go!)
(경주에서 구령으로) 제 자리에, 준비, 땅!

BOLT

Chapter 03

I'm a Big Fan, Bolt.

난 왕팬이야, 볼트.

페니는 볼트와 함께 아빠를 구하기 위해 칼리코의 소굴에 잠입하지만 악당들에게 붙잡히게 된다. 이 상황이 진짜인 줄 아는 볼트는 촬영이 끝난 후에 자신의 트레일러를 탈출하여 주인을 구하기 위한 고달픈 여정에 뛰어든다. 하지만 엉뚱한 차에 실려 길을 잃게 된 볼트는 비둘기들의 도움으로 녹색 눈 인간을 잘 아는 고양이를 찾아 나선다.

INT. BOLIVIA SET

The van's driver starts the engine. The truck drives through with Bolt and Penny hidden underneath. The crew guy comes in and wipes the stunt man's helmet.

STUNTMAN : Thanks Larry.

The director gives orders to crew members hidden throughout the set.

DIRECTOR : All right Scooter, find the grate. Ready on the rubber bars.

The grip grabs two toggles.
As Bolt approaches the grate of an air vent, the grip pulls on the toggles and the bars of the grate push apart as if Bolt had bent them himself. PENNY and BOLT climb out of the vent into the dimly lit hallway.

DIRECTOR : And track with them!

They peek around the corner, down a long hallway. At the far end sits a massive computer console. Every few feet along the length of the hall stands a heavily armed shock trooper.

PENNY : The Calico super computer... if we can access it, we'll finally learn where they're keeping my father.

Penny signals to Bolt and he darts off. She takes her signature penny and flicks it across the floor. A guard stops to pick up the coin. Behind him, Bolt covertly takes out the other guards one by one. Backstage, the set crew scrambles to set up the next scene.

SET CREW WOMAN : The weapon's hot.

내부. 볼리비아 세트장
벤 운전자가 시동을 건다. 트럭은 볼트와 페니가 아래 숨어 있는데 달려 간다. 스탭이 들어와 스턴트맨의 헬멧을 닦는다.

스턴트맨 : 래리 고마워.

감독은 세트 밖에 숨어 있는 스텝들에게 지시를 한다.

감 독 : 자 이제 카메라, 쇠창살 비추고. 고무 창살 준비해.

무대 담당원이 두 개의 토글 이음쇠를 잡는다.
볼트쪽. 그가 통풍구 쇠창살에 접근하자 담당자가 토글 이음쇠를 당긴다. 쇠창살이 마치 볼트가 그것들을 굽힌 것처럼 옆으로 벌어진다. 페니와 볼트는 통풍구에서 기어 나와 어두운 복도로 간다.

감 독 : 저들을 쫓아가면서 찍어!

그들은 모퉁이에서 긴 복도를 엿본다. 먼 끝 쪽에 거대한 컴퓨터 조작 탁자가 놓여 있다. 복도의 따라 몇 미터마다 중무장한 격투부대원이 서 있다.

페 니 : 저건 칼리코 박사의 슈퍼 컴퓨터야… 우리가 접속할 수만 있다면 저들이 아빠를 어디에 가뒀는지 알 수 있을 거야.

페니가 볼트에게 신호를 하자 그가 돌진한다. 그녀는 자기의 페니를 꺼내 맞은 편 바닥으로 튀겨 던진다. 한 경비원이 멈춰서 그 동전을 줍는다. 그 뒤에서 볼트가 은밀히 다른 경비원들을 하나씩 끌어낸다. 무대 뒤에서는 세트 담당자들이 다음 장면을 준비하기 위해 서둔다.

세트담당여자 : 총은 준비됐고.

- **grate**
  (창문의) 쇠격자, 쇠살대
  a metal frame made to cover an opening while permitting air or fluid to pass through
- **grip**
  무대담당원
- **air vent**
  통풍기
  an opening that allows air, gas or liquid to pass out of or into a room, building, container, etc
- **console**
  (컴퓨터 등의) 조작 탁자(대)
- **shock trooper**
  기습부대(원), 격투부대(원)
- **flick**
  튀겨 날리다, 튀기다, 가볍게 떨어버리다
- **covertly**
  은밀히, 살며시

Zoom In

▪ Ready on the rubber bars.

여기서 on이 붙어있는 것은 직접 고무 창살을 준비하는 것이 아니기 때문이다. 소도구인 창살은 철로 되어 있는 것이 아니라 구부리기 쉽게 고무로 만들어져 있다.

▪ as if Bolt had bent them himself

as if 뒤의 절에서는 가정법 시제를 취하므로 과거완료형이 왔다. '볼트 자신이 그것들을 구부렸던 것처럼'의 뜻이다.

FX TECH : Heatvision time.

He readies his equipment.
On the set, the final guard whirls around and squares off with BOLT.

PENNY : Bolt, stare!

Bolt growls viciously as he stares down the armed guard.

DIRECTOR : Now!

The FX TECH flips a switch and the prop gun bursts into flames.

STUNTMAN 3 : Ugh! Aaarugggh...

Bolt BARKS heroically.
Moments later, Bolt Karate-chops another guard sitting at the computer, effortlessly knocking him unconscious.

PENNY : Nice move.

Penny takes the chair and begins hacking into the system.

PENNY : Come on, come on...

Suddenly, the computer shuts down and the lights go black. Penny GASPS.

CALICO : Such devotion...

A spotlight shines on Penny and Bolt. Above, we see Calico.

CALICO : It brings tears to my eyes!

효과기사 : 투시안 준비.

그는 자신의 장비를 준비한다.
세트에서는 마지막 경비원이 돌며 공세를 취한다.

페 니 : 볼트, 노려봐!

볼트는 무장 경비원을 노려보면서 광포하게 으르렁거린다.

감 독 : 지금이야!

효과 기사가 스위치를 누르자 소도구 총이 불길에 터진다.

스턴트맨 3 : 윽! 아아아….

볼트는 의기양양해서 짖는다.
잠시 후… 볼트는 컴퓨터 앞에 앉아 있는 또 다른 경비원을 당수로 쳐서 힘들이지 않고 의식이 없게 만든다.

페 니 : 아주 잘했어.

페니는 의자에 앉아 시스템을 해킹하기 시작한다.

페 니 : 제발, 제발…

갑자기, 컴퓨터가 폐쇄되며 전등이 꺼진다. 페니는 숨을 몰아 쉰다.

칼리코 : 굉장한 효심이군…

스포트라이트가 페니와 볼트에게 비친다. 위에서 칼리코가 나타난다.

칼리코 : 너무 감동을 해서 눈물이 나는 걸!

- **FX**
  (TV, 영화) 효과
  effects
- **heatvision**
  열비전, 투시안
- **square off**
  공세를 취하다, 싸움의 자세를 취하다
  to fight or prepare to fight somebody
- **flip**
  스위치를 찰칵 누르다
  to press a button or switch in order to turn a machine, etc. on or off
- **prop**
  소도구
  property
- **chop**
  패다, 자르다
- **hack**
  남의 네트워크에 불법 침입하다
  to secretly find a way of looking at and/or changing information on a computer system without permission

Zoom In

▪ He readies his equipment.

여기서 ready는 동사로 '준비하다, 마련하다'의 뜻이다. equipment는 '장비, 비품, 설비, 장치'의 뜻이다.

· They readied themselves for the journey.
그들은 여행 준비를 했다.

▪ It brings tears to my eyes!

bring은 간접목적어와 직접목적어를 취할 수 있는 동사로 간접 목적어가 직접 목적어 뒤로 갈 때에는 전치사 to를 수반한다. 그러나 bring tears to one's eyes는 관용적 표현으로 '~의 눈물을 짓게 하다'의 뜻이다.

PENNY : Calico.

CALICO : Your father's discoveries could be of great use to our... organization. I'm sure he'll be more accommodating now that I've got his lucky Penny!!

Suddenly, a steel shell engulfs Penny's chair.

PENNY : (screams) Bolt!

The pod is lifted up and carried away by the helicopter above.

CALICO : World domination is within my grasp! (evil laugh)

Bolt lunges after Penny.
A handler grabs Bolt mid-air and shoves him into a carrier. Bolt barks hysterically.

INT. CONTROL ROOM

DIRECTOR : How did your focus groups feel about cliffhangers? (to Mindy) You ask for unhappy 18 to 35 year-olds, I give you unhappy 18 to 35 year-olds.

Penny goes after Bolt on the set.

PENNY : Bolt! It's okay, Bolt! I'm fine!

DIRECTOR : (over the loud speaker) Whoa, whoa, whoa! Guards, stop her!

PENNY : Bolt!

페 니 :	칼리코 박사.
칼리코:	네 아버지의 발명품은 대단해서 우리 조직에 큰 도움이 될 수 있을 거야. 이제 행운의 페니까지 우리 손에 들어왔으니 이젠 네 아빠도 아마 군소리 없이 말을 잘 듣게 될 거야!

갑자기 조개 모양의 강철 용기가 페니의 의자를 삼켜버린다.

페 니 : (비명을 지르며) 볼트!

위쪽의 헬리콥터에 의해 그 포드 용기가 들려지면서 실려가 버린다.

칼리코 : 이제 세상은 내 손아귀에 들어와 있어! (악한 웃음)

볼트는 페니를 쫓아 돌진한다.
조련사가 볼트를 잡아 들어 올려서는 운반 상자에 넣는다. 볼트는 신경질적으로 짖는다.

내부. 통제실

감 독 : 당신들 시청자들은 서스펜스가 연속되니 시원하십니까? (민디에게) 18세에서 35세 시청자들이 싫어한다고 해서 그들이 원하는 대로 해피하지 않게 이번 편을 마무리했소.

세트에서 페니가 볼트를 쫓아간다.

페 니 : 볼트! 걱정 말아 볼트! 난 괜찮아!
감 독 : (확성기를 통해) 워, 워, 워! 경비, 그 애를 잡아!
페 니 : 볼트!

engulf
~을 빨아들이다, 삼키다

pod
포드(연료, 엔진 등이 든 날개 밑의 선형 용기)

lunge
돌진하다
to make a sudden, powerful forward movement in order to attack somebody

handler
(개, 말 등의) 조련사, 조교
a person who trains and controls animals, especially dogs

cliffhanger
서스펜스가 연속되는 영화

Zoom In

▪ of great use

⟨of + 추상명사⟩는 형용사와 같다. 따라서 of great use는 very useful의 뜻이다.

· It's a matter of great importance.
(= It's a very important matter.)
그건 아주 중요한 문제다.

▪ 18 to 35 year-olds

old는 명사로 쓰이기도 하여 보통 year-old, year-olds의 형태로 복합어를 이루어 '~살 난 사람(들)'의 뜻이 된다. 또 위의 예에서처럼 '~에서 ~까지'의 뜻일 때 from A to B에서 from을 생략하고 그냥 A to B로만 표현하기도 한다.

Bolt continues to bark off stage.
The shock troopers intercept Penny as she tries to run to him.

SHOCK TROOPER : Hey, hey, hey, hold on.

PENNY : Listen to him! He needs to know I'm okay.

AGENT : Nope, you're not okay. You've been kidnapped by the fiendish Dr. Calico. At least that's what the dog needs to think. But just imagine, close your eyes and imagine how excited he'll be when he saves you tomorrow. Okay?

PENNY : But, he's gonna be freaking out all night! Please just let me—

AGENT : What— what— Wait a second. What's that behind your ear? Is that a... yes it is, it's a pin. Let's do this: let's take the pin and put it in this conversation —BOOP— and we will not take it down, no ma'am, until this matter is resolved.

PENNY : But I—

AGENT : You know what that reminds me of? The DVD release junket. Let's get going. It's a big push.

HAIR STYLIST : I want to go with a modern look. Something that says I'm thirteen and I'm fine with that.

MAKEUP PERSON : Oh I need to fix her up she looks, translucent.

AGENT: Alright, let's give her some air, let's not crowd the talent.

볼트는 무대 밖에서 계속 짖어댄다.
페니가 그에게 달려가려 하자 격투부대원들이 페니를 가로막는다.

격투원 : 여, 여, 여, 진정해.

페 니 : 저 소리 들어봐요! 내가 무사한 걸 알려줘야 해요.

매니저 : 아니야, 넌 괜찮지 않아. 사악한 칼리코 박사한테 납치됐으니까 말야. 적어도 개만은 그렇게 생각해야 돼. 하지만 상상을 해봐, 눈을 감고 상상을 해보라고. 내일 볼트가 널 구해낸다면 얼마나 좋아하겠니?

페 니 : 하지만 밤새 안절부절 못할 거에요! 제발 내가 가서…

매니저 : 잠깐 – 잠깐 기다려봐. 귀 뒤에 있는 그거 뭐냐? 그게 바로… 그래, 바로 핀이었구나. 우리 이렇게 하자. 그 이야기도 핀으로 콕 찍은 다음에 당분간 접어두자. 충분히 생각한 후 얘기하자고!

페 니 : 하지만 난 –

매니저 : 그러고 보니 깜박했네. 오늘이 DVD 출시 파티네. 자, 어서 가자. 홍보효과가 클 거야.

헤어디자이너 : 난 좀 최신형으로 머리를 하고 싶은데. 뭐랄까, 난 열세 살이라고 말하는… 그런 게 좋아요.

분장사 : 난 그녀가 반투명해 보이게 해줘야 해.

매니저 : 너무 다가가지 마세요. 부담되니까. 다들 재능을 다그치지 맙시다.

▫ **intercept**
도중에서 붙잡다, 가로 채다, 가로 막다

▫ **freak out**
(환각제로) 흥분하다, 환각 상태가 되다
to react very strongly to something that makes them suddenly feel shocked, surprised, frightened, etc.

▫ **junket**
잔치, 환락

▫ **translucent**
반투명의, 명백한, 쉽게 이해할 수 있는
allowing light to pass through but not transparent

▫ **crowd**
다그치다, 요구하다, 강요하다

Zoom In

▪ Let's get going.

get going은 구어체로 '나서다, 출발하다, 일에 착수하다, 속도를 내다'의 뜻이다. 원래 get은 현재분사와 함께 쓰여 구어체에서 '(~하기)시작하다'의 뜻으로 잘 쓰인다.

· I'd better get moving.
이제 슬슬 가야겠다.

▪ It's a big push.

push는 구어체에서 명사로 쓰여서 '(특히 광고분야에서) 바람직한 결과를 얻기 위한 강력하고도 계획된 노력'을 의미하기도 한다.

· It's a big advertizing push to publicize our product. 그건 우리 제품을 홍보하기 위한 대단한 광고효과가 될 거야

INT. BOLT'S ROOM - MOMENTS LATER

Bolt's Handler enters and, as always, shuts the door behind him. He puts down Bolt's carrier and opens the little gate. Bolt sprints out, GROWLING, already on the hunt for Penny.

INT. SKYLIGHT - BOLT'S TRAILER - CONTINUOUS

The two cats we met earlier get ready for their daily torture of Bolt.

NEW GUY : I've been working on my evil laugh. Cause everybody has an evil laugh. Like GRR ARG! Like that.

VETERAN : Okay here's the thing. You're not ready for the evil laugh. You could do a chuckle. Like a mildly upset chuckle. After my evil laugh. Listen to mine. (laughs) Hey, Bolt!

They casually lift the skylight door and...
ZAP! Bolt leaps up out of the opening sending the cats SCREECHING away.

NEW GUY : (Screaming) Big fan!

The Handler rushes out to the trailer door after Bolt...

HANDLER : Hey, I need help!

Bolt escapes into the soundstage.

HANDLER : Bolt! Come back!

Bolt arrives back at...

내부. 볼트의 방 - 잠시 후
볼트의 조련사가 들어와서는 언제나처럼 뒤에 문을 닫는다. 그는 볼트의 운반 상자를 내려놓고 작은 문을 연다. 볼트는 이미 페니를 찾기 위해 으르렁거리며 튀어나온다.

내부. 채광창 - 볼트의 트레일러 - 계속
이미 앞에서 본 적이 있는 두 마리 고양이가 볼트를 매일 하는 대로 괴롭힐 준비를 한다.

신 참 : 난 악한 웃음을 계속 연습하는 중이야. 모두들 악하게 잘 웃더군. 으하하하… 진짜 악당답게! 이렇게 말이야.

베테랑 : 그럼 이래 보자. 넌 악한 웃음이 잘 안 되니까 그냥 킬킬 웃어봐. 내가 악한 웃음을 웃으면 그냥 킬킬대며 웃으면 돼. 약간 불편한 웃음처럼 말이야. 잘 들어 봐. (웃는다) 야, 볼트!

그들은 무심코 채광창을 들어 올리는데…
휙! 볼트가 열린 곳으로 튀어나와 고양이들을 기겁하게 만든다.

신 참 : (비명을 지르며) 난 왕 팬이야!

조련사는 트레일러 문을 달려나와 볼트를 쫓는다.

조련사 : 이봐, 도와줘!

볼트는 방음스튜디오로 도피한다.

조련사 : 볼트! 돌아와!

볼트는 도착하는데…

- **torture**
  고문, 심한 고통
- **zap**
  휙, 쉿, 탕(하는 소리)
- **screech**
  비명을 지르다

Zoom In

▪ on the hunt for

이는 '~을 수색 중인'의 뜻이다. 여기서 hunt는 '추적, 수색, 추구, 탐구'의 의미이며 그 대상에는 보통 for가 쓰인다.

· They have joined a police on the hunt for the missing teenager. 그들은 실종된 10대를 수색 중인 경찰에 가담했다.

▪ You're not ready for the evil laugh.

ready for는 '~의 준비가 된, ~대한 채비를 갖춘, ~하기 쉬운'의 뜻이다.

· Is everything ready for the party?
파티 준비가 모두 되어 있는가?

THE DARKENED BOLIVIA COMPOUND SET
Everyone's gone.

BOLT : I'm too late.

Suddenly, he hears...

PENNY : Bolt, help!

BOLT : I'm coming, Penny!

Bolt races after, following her voice.

PENNY : Bolt, help!

BOLT : Hold on Penny! Hold on!

IN THE EDITING SUITE
An EDITOR is cutting a scene. Finding the right place to cut, he rewinds over and over again.

PENNY : Bolt, help! Bolt, help!

He passes the editing suite, BARKS, then races in another direction.
Bolt arrives at the...

MAILROOM - CONTINUOUS
Out the window, he can see the PROP 'CHAMBER' in which Penny was taken on the back of a truck. As the propmaster starts the ignition, Bolt steels himself.

BOLT : Penny!

어두운 볼리비아 복합 세트
모두가 가버리고 없다.

볼 트 : 너무 늦었군.

갑자기 그는 소리를 듣는데…

페 니 : 볼트, 살려줘!

볼 트 : 가고 있어, 페니!

볼트는 그녀의 목소리를 따라 달려간다.

페 니 : 볼트, 도와줘!

볼 트 : 조금만 기다려 페니! 기다려!

편집실
한 편집자가 장면을 자르고 있다. 커트할 위치를 발견하고서 그는 반복해서 되돌린다.

페 니 : 볼트, 도와줘! 볼트, 살려줘!

그는 편집실을 지나 짖어대고는 다른 방향으로 달린다.
볼트는 도착하는데…

우편실 – 계속
창문 밖에서 그는 소도구방을 볼 수 있는데 그 안에 페니가 트럭의 뒤에 실려 끌려갔었다. 소도구 주임이 점화 스위치를 누르자, 볼트는 마음을 굳게 먹는다.

볼 트 : 페니!

- **compound**
  복합의, 집합의
- **suite**
  붙은 방
- **propmaster**
  소도구 담당주임
  a person in charge of objects used by actors during the performance of a play or in a film/movie
- **ignition**
  점화장치
- **steel oneself**
  냉혹하게 마음 먹다, 마음을 굳게 가지다
  to prepare yourself to deal with something unpleasant

Zoom In

▪ I'm coming, Penny.

come은 '(상대방이 있는 곳 또는 어떤 목적지로)가다, (말하는 사람, 상대방이 가는 쪽으로)함께 하다, 동행하다'의 뜻으로 구어체에서 매우 잘 쓰인다.

· Yes, I'm coming.
네, 지금 갑니다.

▪ He rewinds over and over again.

over and over again은 over and over로도 쓰이며 '몇 번이고, 반복해서(repeatedly)'의 뜻이다.

Bolt charges into the room. It's filled with cardboard shipping boxes. The dog leaps from box to box, ascending towards the window. But this stunt wasn't choreographed for him -- Bolt slams into the closed window, and dazed, collapses into one of the boxes which is filled with packing peanuts just as... A DELIVERY MAN folds it shut. Listening to Metallica on his iPod, the delivery man TAPES UP THE BOX and wheels it onto his GLOBAL FREIGHT TRUCK.
The handlers rush past, searching...

FEMALE PA : Bolt! Here Bolt!

The delivery man SLAMS the truck's door shut. Darkness.

INT. WAREHOUSE - DAYS LATER

The truck's door swings open. A new SHIPPING WORKER unloads the boxes and wanders off. But something stops him -- one of the boxes is moving.

WORKER : Huh?

He carefully cuts it open. Bolt bursts out of the box, barking frantically. He leaps out of an open window, landing in...

EXT. A GRUNGY ALLEY

He races toward a main street, desperately searching for his owner...

BOLT : (to himself) Okay, Bolty! Okay. Stay cool. You're cool, Bolty.

As Bolt turns a corner we can see that he is in MIDTOWN MANHATTAN! Determined, he surges through the streets, causing pedestrians to scramble out of his way.
He continues down another street, turning down an alley. Through a chain link fence, he spots a tall dark man sitting on a bench.

BOLT : Green-Eyed Man!

볼트는 방으로 달려간다. 그곳은 마분지 발송 상자들로 가득하다. 개는 상자에서 상자로 뛰어다니며 창문을 향해 기어오른다. 하지만 이 스턴트는 그를 위해 편성된 것이 아니었다. 볼트는 닫힌 창문에 부딪쳐 몽롱해진 채 포장용 땅콩으로 가득 찬 상자 중 하나 속으로 떨어진다. 바로 그 때… 한 배달원이 상자를 접어 닫아버린다. 자신의 아이포드에서 메탈리카 음악을 듣는 그 배달원은 상자 위에 테이프를 붙이고는 수레로 운반해 DHL 트럭 위에 싣는다.
배달원들이 급히 지나가며 찾는데…

여성 홍보원 : 볼트! 볼트 어딨는 거야!

배달원이 트럭의 문을 쾅하고 닫는다. 어둠.

내부. 창고 – 며칠 후
트럭의 문이 휙 열린다. 새로운 배송 일꾼이 상자를 내리고는 돌아간다. 하지만 뭔가가 그를 멈춰 세운다 – 상자 중의 하나가 움직인다.

DHL 직원 : 어라?

그는 조심 스럽게 상자를 연다. 볼트가 상자에서 튀어나와 사납게 짖는다. 그는 열린 창문 밖으로 뛰어나가 내려 앉는데…

외부. 쓰레기 골목
그는 주인을 찾아서 필사적으로 큰 길을 향해 달린다.

볼 트 : (혼잣말로) 괜찮아, 볼트! 괜찮아. 침착해야 해. 넌 해낼 수 있어, 볼트!

볼트가 모서리를 돌 때 그가 맨해튼 중간 지구에 있다는 걸 알 수 있다. 단호한 모습으로 그는 거리를 밀어닥쳐 보행자들이 길에서 급히 물러가게 한다.
그는 계속해서 다른 거리를 내려가다가 골목길로 돌아선다. 철망 울타리를 통해 그는 키크고 시커먼 사람이 벤치 위에 앉아 있는 것을 목격한다.

볼 트 : 녹색 눈 인간이다!

▫ **choreograph**
공연하기 위해 편성하다, 안무하다
to design and arrange the steps and movements for dancers in a ballet or a show

▫ **Metallica**
미국의 헤비 메탈 밴드

▫ **PA**
홍보담당자
press agent

▫ **grungy**
오물, 쓰레기

▫ **surge**
쇄도하다, 밀어 닥치다
to move quickly and forcefully in a particular direction

▫ **scramble**
급히 서둘러 가다, 당황하여 혼동하다
to move quickly, especially with difficulty

Zoom In

▪ packing peanuts

이것은 peanuts for packing(짐을 꾸리기 위한 피넛)의 뜻으로 여기서 packing은 동명사이다.

· a sleeping car = a car for sleeping (침대차)
· a sleeping baby = a baby who is sleeping (잠을 자고 있는 아기)

▪ The truck's door swings open.

"트럭 문이 휙 열렸다"의 뜻으로 open은 동사의 결과를 나타내는 표현이 많다. fling open(왈칵 열리다), push open(밀어 열리다), flip open (홱 열리다)

He runs towards his target and crashes into the fence. He's dazed, but continues onward. The man sits, reading his paper. A paw appears behind him and Karate-chops. And chops again. And again, nothing happens. He turns. Bolt pops up, even more confused, and races away.Still in high gear, Bolt rushes down street after street, knocking pedestrians as he goes.

PEDESTRIANS : Huh?

BOLT : Penny?! Penny?!

In his path, construction workers have torn up the pavement, and barricades and orange cones block the way. Bolt does not slow or waver. He heads toward the obstacle, leaps... and falls far short.
He lands with one of the cones stuck on his head. Through the opening in the top he spots: A TRUCK CARRYING A PORTABLE TOILET
...which looks a lot like the 'chamber' Calico took Penny in, its 'women's' bathroom sign resembling the Calico cat-eye symbol.

BOLT : Penny!

He shakes off the cone.

BOLT : Target aquired!

Bolt sprints after, running alongside the truck on a parallel block. He ducks down an alley.

BOLT : It ends here.

The driver slams on the brakes! The truck skids, spins sideways, and comes to a stop... inches from Bolt's forehead. The 'chamber' tumbles to the ground.

BOLT : Penny!

Bolt hurries over as the door flips open to reveal...

그는 자기 목표물을 향해 달려가 울타리에 부딪친다. 그는 정신이 몽롱하지만 계속 앞쪽으로 나아간다. 그는 신문을 읽으면서 앉아 있다. 발 하나가 그 뒤에서 나타나 가라테 격파를 한다. 다시 내려치는데 아무 일도 일어나지 않는다. 그는 돌아본다. 볼트는 더욱 당황하여 갑자기 달려 간다. 여전히 최고 속도로 볼트는 보행자들과 부딪치면서 이 거리 저 거리를 달려간다.

보행자들 : 음?

볼 트 : 페니?! 페니?!

그가 가는 길에 도시 공사로 보도가 들춰져 바리케이트와 오렌지색 원추형 표지판들이 길을 막고 있다. 볼트는 속도를 늦추거나 머뭇거리지 않는다. 그는 장애물을 향해 달려가 도약을 하여…. 아주 짧은 거리에 떨어진다. 그는 머리 위에 원통 도로 표지판 하나를 쓰고 내린다. 구멍을 통해 그는 본다.
간이 화장실을 운반하는 트럭
그것은 마치 칼리코 박사가 페니를 가둔 방처럼 보이는데 칼리코 고양이 눈 심볼과 닮은 여성의 화장실 간판이다.

볼 트 : 페니!

그는 원추형 표지판을 흔들어 떨어뜨린다.

볼 트 : 표적 발견!

볼트는 돌진하며 평행 블록에서 트럭을 따라 달려간다. 그는 골목길로 몸을 구부리고 달린다.

볼 트 : 여기서 끝내자.

운전자는 브레이크를 급히 밟는다! 트럭은 미끄러지며 옆으로 돌아 멈춰 서는데… 볼트의 이마로부터 몇 인치 떨어지지 않은 곳이다. '화장실'은 굴러서 땅에 떨어진다

볼 트 : 페니!

볼트가 급히 달려가자 문이 휙 열리며 나타나는데…

- **waver**
  주저하다, 머뭇거리다
  hesitate and be unable to make a decision or choice
- **obstacle**
  장애(물), 방해(물)
  an object that is in your way and that makes it difficult for you to move forward
- **portable toilet**
  간이화장실
- **duck**
  몸을 홱 굽히다, 몸을 구부리고 달리다
  to move your head or body downwards to avoid being hit or seen

Zoom In

▪ still in high gear

원래는 in high gear는 '최고 속도로, (일이) 본 궤도에 올라서'의 뜻이다. in gear는 '잘 돌아가서, 준비가 갖추어져, 원활하게 운전하여, 기어가 들어가서'의 의미이다.

▪ orange cone

이는 도로 공사 중에 흔히 볼 수 있는 '오렌지색 원추형 표지'를 말한다. 보통 오렌지색으로 칠해져 있으며 고무나 플라스틱으로 만든 제품이 많다.

BOLT : Penny? (then, through gritted teeth) They moved her!

On the move again, Bolt leaps over manholes, searching, finally running into a group of DOGS being taken for their afternoon stroll by a DOGWALKER.

BOLT : There is no time for formalities, brothers. My person is in danger. And I—

Bolt spins, shocked, to find a Dachshund sniffing his butt.

BOLT : Whoa! What are you doing?!

WIENER DOG : Oh! I'm sorry. You wanna sniff mine first?

BOLT : What?!

A Doberman pinscher takes a sniff of her own.

DOBERMAN : Not from around here, are ya?

BOLT : Hey! Stop it! This is serious!

The dog walker leans in and clips a leash to Bolt's collar...

DOG WALKER : Hey there! Are you lost, sweetie?

Bolt sprints off, the leash dragging behind him.

DOG WALKER : Hey! Wait!

볼　트 :　　　　　페니? (그리고는 이를 갈며) 놈들이 페니를 데려갔어!

다시 움직여 볼트는 맨홀 위로 뛰어올라 수색하는데 마침내 한 개 산책자가 오후의 산책을 위해 데려 나온 일단의 개들을 만난다.

볼　트 :　　　　　지금 서로 인사하고 그럴 시간이 없어, 형제들. 내 주인이 지금 위험하거든. 그래서 난…

볼트는 놀라 빙 돌아서는 닥스훈트 개가 자신의 엉덩이를 냄새 맡는 걸 발견한다.

볼　트 :　　　　　우아! 너 뭐하는 거야?

위너 개 :　　　　　오! 미안해. 그럼 내 거부터 맡을래?

볼　트 :　　　　　뭐라고?!

도베르만 핀셔 개가 그녀의 엉덩이를 냄새 맡는다.

도베르만 :　　　　　이 근처 사는 개가 아니구나?

볼　트 :　　　　　야! 그만 해! 지금 장난칠 때가 아니야!

그 개 주인이 몸을 기울여 볼트의 목덜미에 가죽끈을 클립으로 고정시킨다.

개 산책자 :　　　　　이런! 집을 잃어버렸나 보네?

볼트는 튀어 달아나는데 뒤쪽에 가죽끈을 질질 끌고 간다.

개 산책자 :　　　　　이봐! 기다려!

- **grit**
  이를 갈다
  to bite your teeth tightly together
- **dogwalker**
  (돈을 받고 남의) 개를 산책시키는 사람
- **Dachshund**
  닥스훈트 (사냥개)
- **Wiener**
  닥스훈트 개(영어로는 위너개라 부름)
- **Doberman pinscher**
  도베르만 핀셔(독일산 군용, 경찰견)
- **leash**
  가죽끈, 사슬
  a long piece of leather, chain or rope used for holding and controlling a dog

Zoom In

There is no time for formalities.

formality는 '형식에 구애됨, 정식, 의례, 관습'의 뜻으로, 보통 복수로 쓰여 '격식, 절차'의 뜻이다.

This is serious!

"이거 장난 아냐!"의 뜻으로 serious가 '진지한, 농담 아닌, 중요한, 심각한'의 뜻이지만 구어체에서는 아주 유용하게 쓰인다.

· A: Are you serious? 진정으로 하는 말이야?
  B: You can't be serious. (= You must be kidding.) 진심이 아닐 테지.

Bolt plunges through a stack of newspapers, one of which gets stuck on his head. His vision impaired, Bolt slams into a city park's wrought iron fence, his head wedged between two bars.
Forced to pause, it's then that Bolt finally looks upward. ENORMOUS SKYSCRAPERS loom mightily over him. Shaken, he tries to free himself. But it's no use.

BOLT : Why can't I bend these stupid bars?

He tries again, only to find A PIGEON -- VINNIE -- staring at his predicament.

VINNIE : Yo, buddy. You got your head stuck pretty good, huh guy? Hey guys, come here! Check this out! He's got his melon stuck.

The pigeon is joined by two fellow feathered goombahs -- JOEY and BOBBY.

JOEY : Yup. That is one stuck melon.

Bolt tries again. No luck.

VINNIE : (O.S.) Hey, hey buddy. Take it easy. Slow down.

BOLT : I will not take it easy, pheasant. I'm missing my person.

VINNIE : Hey buddy, relax. Like this.

The pigeon cocks his head to the side, then leans it back.

VINNIE : Turn and pull. Turn and pull. Forget about it. You'll be out in no time.

볼트는 신문 더미 속으로 뛰어드는데 그 중 하나가 머리 위에 달라붙는다. 그의 시야가 손상되자 볼트는 도시 공원의 철제 울타리에 부딪치며 그의 머리가 두 창살 가운데 박힌다.
멈추지 않을 수 없게 되자 볼트는 마침내 위쪽을 올려다 본다. 거대한 마천루들이 그 위쪽으로 거대하게 불쑥 나타난다. 동요되어 그는 몸을 빼 내려고 애를 쓴다. 하지만 소용이 없다.

볼 트 : 대체 왜 이 창살이 구부러지지 않는 거야?

그는 다시 시도하지만 단지 비둘기(비니)가 자신의 곤경을 응시하고 있는 것을 발견한다.

비 니 : 어이, 형씨. 머리통이 단단히 창살에 끼어버렸네 그려. 얘들아, 이리 와봐! 이걸 좀 보라고! 머리통이 아주 꽉 끼었어.

그 비둘기한테 두 동료 깃털 친구(조이 와 보비)가 합세한다.

조 이 : 그러게. 머리통이 대책 없이 끼었군.

볼트는 다시 시도한다. 운이 따르지 않는다.

비 니 : (목소리) 어이, 친구. 진정해. 살살하라고.
볼 트 : 그럴 여유가 없어, 비둘기. 내 주인이 실종됐어.
비 니 : 어이, 친구. 힘을 빼 봐. 이렇게 말이야.

그 비둘기는 자기 머리를 옆으로 굽히고 나서 그것을 기대어 세우면서 뒤로 뺀다.

비 니 : 돌리고 당겨. 돌리고 당기라고. 별 거 아냐. 금방 빠질 거야.

▫ **plunge**
뛰어들다, 돌진하다, 떨어지다, 나아가다

▫ **wedge**
억지로 박아 넣다, 쐐기로 고정하다
to put or squeeze something tightly into a narrow space, so that it cannot move easily

▫ **loom**
불쑥 나타나다, 흐릿하게 보이다
to appear as a large shape that is not clear, especially in a frightening or threatening way

▫ **predicament**
곤경, 궁지
a difficult or unpleasant situation, especially one where it is unclear to know what to do

▫ **goombah**
이태리계 미국인, 친한 친구

▫ **pheasant**
(조류) 꿩, 목도리뇌조, 비둘기

▫ **cock**
굽히다, 비뚜름하게 쓰다
to raise a part of your body so that it is upright or at an angle

Zoom In

▪ It's then that Bolt finally looks upward.

Then, Bolt finally looks upwards.에서 then을 특별히 강조하기 위하여 It ~ that 강조구문을 사용하고 있다. 보통 주어, 목적어, 부사구 등을 강조할때 쓴다.

▪ You'll be out in no time.

You'll be out of the iron fence soon.의 뜻으로 in no time은 '곧, 바로, 아주 빨리'의 뜻이다.

· We'll have that leak fixed in no time.
우리는 그 물 새는 것을 곧 고치게 될 거다.

Bolt follows the pigeon's advice and... POPS FREE! He inspects a packing peanut stuck to his paw...

BOLT : What are these things? They've weakened me.

Bolt struggles to shake them off.

VINNIE : Whoa. Those're Styrofoam packing peanuts.

BOLT : Styrofoam. This has the Green-Eyed Man written all over it. Have you seen the man with a green eye?

But the pigeon's mind is elsewhere...

VINNIE : You know I gotta say something if I could say something here. You look familiar. Joey, look at this guy's mug.

JOEY : Yeah... You know I coulda sworn I seen this guy before.

BOBBY : Yeah... Yeah, yeah.

VINNIE : I gotta tell ya, I never forget a face.

JOEY : He never does.

BOBBY : Oh yeah yeah.

JOEY : Never.

BOBBY : Yeah he's real good with the faces and such.

BOLT : Listen! Listen. The man with the green eye. Tell me what you know, birds.

VINNIE : I know this dog.

볼트는 그 비둘기의 충고를 따라 하다가… 뽕하고 빠진다! 그는 자기 발에 붙은 포장용 땅콩을 살핀다.

볼 트 : 대체 이게 뭐지? 이것들이 내 힘을 빼갔어.

볼트는 그것들을 흔들어 떨어뜨리려고 애를 쓴다.

비 니 : 와. 이건 짐 쌀 때 쓰는 땅콩모양의 스트로폼이네.

볼 트 : 스트로폼이라. 분명 이건 녹색 눈 인간과 관계가 있을 거야. 혹시 녹색 눈 인간 본 적 있냐?

하지만 비둘기의 마음은 딴 데 가 있다.

비 니 : 그보다 아까부터 물어보고 싶은 말이 있는데… 네 얼굴이 낯설지가 않아. 조이, 이 친구 얼굴 좀 자세히 봐.

조 이 : 그래… 나도 분명히 예전에 본 적이 있는 것 같아.

보 비 : 그래… 맞아, 맞아.

비 니 : 난 절대로 한번 본 얼굴은 안 까먹어.

조 이 : 얜 정말 그래.

보 비 : 맞아 맞아.

조 이 : 절대로 안 까먹지.

보 비 : 사실 얼굴 같은 거 알아보는데 완전 도사 수준이지.

볼 트 : 내 말 좀 들어 봐! 녹색 눈을 가진 인간이야. 아는 대로 말 좀 해 줘.

비 니 : 나 이 개 알아.

▫ **Styrofoam**
스트로폼(발포 폴리스티렌. 상표명)

▫ **mug**
(속) 얼굴, 입, (용의자의) 얼굴 사진

Zoom In

▪ **I coulda sworn I seen this guy before.**

"내가 이 친구를 전에 본 적이 있다는 걸 맹세하라면 맹세할 수도 있을 거야"의 뜻으로 완곡한 표현이다.

▪ **He's real good with the faces and such.**

and such는 '~따위, ~등등'의 뜻으로 문 뒤에 온다. 물론 여기서 such는 대명사이다. 구어에서 such and such는 '이러저러한 것(사람), 여차여차한 것(사람)'으로 쓰이기도 한다.

JOEY : Yeah! Yeah, me too!

VINNIE : I gotta remember. It's gonna kill me.

Unseen by any of them, a city bus pulls up in the background with a giant wrap-around ad for the 'Bolt' TV series.

VINNIE : (he's got it) Hold on. (then) No, I don't know. I—I—I thought I knew.

JOEY : Hey, you ever hang out down on fourteenth street with a stray named Kelvin?

Another city bus featuring 'Bolt' pulls up behind them.

BOBBY : Yeah yeah yeah yeah! Kelvin. The labradoodle.

BOLT : What?

VINNIE : You gotta give me something here 'cause this is ridonculous.

BOBBY : Absolutely ridonculous.

VINNY : Capiche ridonculous, you know what that means?

BOLT: You pigeons are useless. I need someone on the inside. (brainstorming) Someone close to the green-eyed man... (aha!) A cat.

He's about to stride off when the pigeon stops him.

VINNIE : Whoa. A cat?

조 이 : 그래! 맞아, 나도!

비 니 : 기억해야 돼. 정말 답답해 죽겠어.

그들 아무에게도 보이지 않은 상태로 볼트 TV시리즈 광고로 도배한 도시 버스 한 대가 볼트 TV 시리즈를 위한 둘레에 두르는 거대한 광고를 한 채 뒤쪽에 선다.

비 니 : (그걸 봤다) 잠깐만. (그리고는) 아냐, 모르겠어. 아는 줄 알았는데.

조 이 : 이봐, 혹시 캘빈이라는 떠돌이 개하고 14번가에 간 적 있냐?

'볼트'라고 대서특필한 또 다른 도시 버스가 그들 뒤에 다가와 선다.

보 비 : 그래 그래 그래 맞아! 캘빈. 사냥개 종이지.

볼 트 : 뭐라고?

비 니 : 답답해 미칠 것 같으니까 여기서 힌트 좀 줘.

보 비 : 정말 환장하겠어.

비 니 : 완전히 돌아버리겠단 뜻 알아?

볼 트 : 비둘기들은 정말 도움이 안 되네. 내막을 잘 아는 친구가 필요해. (브레인스토밍하며) 녹색 눈 인간을 잘 아는 친구… (아하!) 고양이!

그가 막 떠나려고 하자 비둘기가 그를 세운다.

비 니 : 와. 고양이?

wrap-around
광각의, 허리에 두르는

hang out
살다, 서성거리다
to spend a lot of time in a place

stray
부랑인, 길 잃은 가축
an animal that has become lost or separated from its owner or that has no owner

labradoodle
라브라도 종(사냥개 종)

ridonculous
ridiculous 와 같은 뜻

capiche
이태리어에서 나온 말로 Do you understand?의 뜻

on the inside
안쪽 사정을 알 수 있는(중요한) 위치에서

brainstorm
영감, 인스피레이션, (문제를) 브레인스토밍으로 토의하다

Zoom In

▪ Yeah, me too!

구어로 me too는 상대방의 말에 동조하여 '맞아, 나도 그래!'의 뜻인데 원래는 Yeah, I know this dog too.가 줄어든 표현으로 Yeah, I do too. 또는 Yeah, so do I.로 표현될 수도 있다. 구어체에서는 I too.가 아니라 목적격인 me를 사용해서 me too를 쓴다.

▪ It's gonna kill me.

"그거 답답해 죽겠네"의 뜻으로 kill은 구어체에서 '(사람에게)격심한 고통을 주다, 녹초가 되게 하다, 우스워 못 견디게 하다' 등의 뜻으로도 잘 쓰인다.

· The long walked killed me.
나는 오래 걸어서 녹초가 되었다.

BOLT : Yeah, a cat. And when I find him, ooh, ooh, ooh when I find him I'm gonna make that cat wish he were never born.

The pigeon looks to his buddies, smiles wickedly.

VINNIE : (giggles) I think we know just the cat.

볼 트 : 그래, 고양이. 녀석을 찾기만 하면, 호, 호, 호 찾기만 하면 태어난 걸 후회하게 해 줄 거야.

비둘기는 사악하게 웃으면서 친구들을 바라본다.

비 니 : (킬킬거린다) 우리가 그 고양이를 알고 있지.

▫ **wickedly**
악하게, 심술 궂게, 부정하게

Key Expressions

66 I'm sure he'll be more accommodating now that I've got his lucky Penny! 이제 행운의 페니까지 우리 손에 들어왔으니 네 아빠도 아마 군소리 없이 말을 잘 듣게 될 거야!

now that은 접속사로 since, because의 뜻이다. now가 단독으로 사용될 수도 있다. 주로 문장 앞에 쓰이며 '~이니까, ~이므로, ~인 이상'의 뜻이다.

· Now (that) you mention it, I do remember.
네가 그렇게 말하니까 과연 생각이 나는군.

74 Stay cool. You're cool, Bolty. 침착해. 넌 차분하잖아, 볼트.

Stay cool.은 Stay calm., Remain cool., Keep cool., Calm down., Cool it. 등과 같은 의미이다. loose를 써서 hang loose, stay loose하면 '계속 침착하다, 걱정하지 않다'의 뜻이 된다.

· Come on, you guys, stay cool! 이봐, 친구들, 침착들 해.

76 Target acquired! 표적 발견!

"표적 발견!"이란 뜻으로 Our target is(has been) acquired!을 줄여 쓴 표현이다. acquire는 '획득하다, 습득하다, 얻다'의 뜻이다. 이처럼 관용적인 구어체 표현에는 관사나 be동사 등은 생략하고 뼈대만 말한다.

80 His vision impaired, Bolt slams into a city park's wrought iron fence.

그의 시야가 가려지자 볼트는 도시 공원의 철제 울타리에 부딪친다.

분사구문에서 분사의 주어가 주절의 주어와 다를 경우 분사 앞에 주어를 써주어야 한다. 즉 As his vision is impaired, Bolt slams into a city parks wrought iron fence.의 뜻이다.

· The sun having set, we gave up looking for them.
해가 졌기 때문에 우리는 그들을 찾는 것을 포기했다.

80 He tries again, only to find a pigeon staring at his predicament.

그는 다시 시도하나 단지 비둘기 한 마리가 자신의 궁지를 보고 있는 것을 발견할 뿐이다.

부정사 구문 중 only to~는 결과를 나타낸다.

· He studied hard for the exam only to fail.
그는 시험을 위하여 열심히 공부하였으나 결국 실패하였다.

80 Check this out! He's got his melon stuck.

이것 좀 봐! 그의 머리가 꽉 끼었어.

〈동사 + 부사〉로 이루어진 이른바 동사구는 목적어로 대명사가 올 경우 〈동사 + 부사 + 목적어〉가 아니라 〈동사 + 목적어 + 부사〉의 형태를 취한다. put down, try on, turn off, switch on, pull out, give up, hold up, push up 등 전치사와 구별되는 것들이 많다.

· Do you know why I can't give her up?
왜 내가 그녀를 포기 못하는지 알아?

Movie Talk
〈트루먼 쇼〉의 환생 – 애니의 수준을 업그레이드하다

〈볼트〉는 2008년 월트 디즈니 애니메이션 스튜디오에서 제작한 컴퓨터 애니메이션 영화로 디즈니 사의 48번째 클래식 애니메이션 장편 영화다. 2009년 아카데미와 골든 글러브에서 장편 애니메이션 상에 노미네이트된 걸작으로 액션과 재미, 감동, 그리고 매력적인 캐릭터들로 어우러진 코미디 어드벤처다.

정말 디즈니의 애니메이션은 남다른 데가 있다. 단순히 꿈과 마법, 그리고 환상과 재미만 있는 것이 아니라 교훈이 숨 쉬며 이제는 그 폭이 넓어져 극영화의 세계를 넘보려는 야망까지 갖고 있는 듯하다. 비록 살아 숨쉬는 인간들은 아닌 데도 관객은 마치 실제의 인간들이 눈 앞에 호흡하며 살아가는 것 같은 환상에 빠진다. 스토리도 권선징악을 기본으로 하는 애니메이션과는 그 종류가 다르다. 평범한 삶에 대한 성찰이 있고 우정과 의리가 넘실댄다. 관객은 독특한 소재의 캐릭터들에 동화되어 그들이 동물이 아니라 인간들인 것처럼 착각한다. 〈볼트〉가 〈트루먼 쇼〉의 애니메이션 버전이라는 것을 누가 부인하겠는가? 비록 트루먼처럼 처절하고 고통스러우며 삭막하지는 않지만 볼트는 순수하고 애처로우며 안타깝고 성실하다.

영화에는 성인 스토리가 파묻혀 있으며, 누구나가 즐길 수 있는 유머와 감동이 물결 친다. 한마디로 슈퍼 독의 슈퍼 무비가 탄생한 것이다. 사실 볼트는 전혀 예상하지 못한 현실 세계와 맞닥뜨린 귀여운 애완 강아지다. 정말 미워할 수 없는 멍멍이다. 그런데 그의 극중 캐릭터는 성장해 나간다. 바깥 세상으로부터 철저히 격리된 스튜디오에서 키워진 강아지가 우연찮게 세상 밖으로 나가면서 진정한 자아를 발견하고 또 진정한 삶을 찾는다. 고통도 배고픔도 외로움도 몰랐던 그가 난생 처음 그런 감정들을 터득하며, 영웅이 되기 위해서 남이 시키는 대로 할 필요가 없다는 것을 깨닫는다. 드라마에서 연기하는 스타로서의 허위의 삶이 아니라 촬영장 밖의 현실세계에서의 진실한 삶 속의 강아지로 돌아온다. 그는 항상 긴장 상태에서 살았던 스스로 울적한 트루먼 쇼 버전의 스타였다. 그래서 트루먼처럼 영화에는 감동이 있다.

물론 여기에는 거대한 미디어의 힘이 부각되는 것은 아니며 오직 미미한 한 동물의 자아발견 과정이 자기 주인에 대한 충성과 의리 속에 녹아 들어 미국 대륙을 안방처럼 헤엄친다. 인내와 지각, 그리고 기다림을 수반하는 고통이 뒤따르는 여정이지만 살아 숨쉬는 그의 영혼을 가로막을 자는 없다.

페니와 볼트는 애착이 가고 그들 관계 또한 공감을 불어 일으킨다. 소위 아역 대스타인 페니는 현실과 타협을 거부하면서 볼트의 주인과 친구로서 애정과 신뢰를 저버리지 않는다. 볼트가 여행길에 만나는 두 친구 미튼스와 라이노의 우정 또한 깊은 감동을 안겨준다. 인간에게 배신 당하고 까칠해진 암고양이 미튼스, 그리고 TV 매니아이자 볼트의 열렬한 팬인 꼬마 햄스터인 라이노는 액션 영웅인 볼트와 함께 리얼 액션 어드벤처를 멋지게 치른다. 그 과정에서 그들이 펼치는 유머는 재미 있는 대사에서만 나오는 것이 아니라 각자 캐릭터들의 개성에서 자연스럽게 흘러나온다. 그들은 각자 매력적으로 공감을 자아낸다. 더구나 이들이 활동하는 배경도 환상의 세계가 아니라 현실성이 있는 실제 세계이다. 거기서 그들이 펼치는 스토리도 흥미진진하다. 이런 요소들은 톱니바퀴처럼 잘 맞물려 조화를 이룬다. 그러니까 〈볼트〉는 애니메이션이 갖추어야 할 성공 조건을 다 포함한 거의 완벽한 영화인 셈이다. 슈퍼 능력을 가진 슈퍼 영웅이 아닌 평범한 강아지가 슈퍼 영웅만이 해낼 수 있는 페니를 구하면서 슈퍼 애니메이션을 창조한 셈이다.

Chapter 04

Bolt Meets Mittens the Cat.

볼트가 고양이 미튼스를 만나다.

교활한 미튼스는 악독하게 비둘기들을 부려 먹으면서 왕처럼 살고 있다가 느닷없이 볼트에게 붙잡힌다. 물론 미튼스는 페니가 어디로 납치되었는지 알 리가 없다. 하지만 페니를 찾으려는 일념에 불타는 볼트가 미튼스를 협박하자 적당히 할리우드로 잡혀갔다고 둘러댄다. 볼트는 미튼스를 대동하고 페니를 찾아 대륙횡단을 시작한다.

EXT. ALLEY - LATER

OPEN on a SCRAWNY ALLEY CAT, MITTENS. She reclines royally atop a crate, purring.

SAUL : (Cooing)

Mittens rolls onto her stomach and with her we see a pigeon peering around the corner into the alley holding a hot dog in his beak.

MITTENS : Right on time, Saul. Come on in.

He does, and deposits his offering before her.

MITTENS : Okay, Saul. Nice work. Let's find some mustard next time, okay babe?

SAUL : (frightened) Y-yes, Mittens. Thank you, Mittens.

ANOTHER PIGEON. This time, a piece of BAGEL.

MITTENS : Whoa! Is that an everything bagel, Ted?! Atta boy!

TED : (nervous) Good day, Mittens.

ANOTHER PIGEON. He drops a miniscule CRUMB and scurries away. But he's not fast enough.

MITTENS : (annoyed) Louie? What is this?

LOUIE : Well... it was a slow week, and... that's half of what I got.

Mittens' stomach RUMBLES.

외부. 골목 – 그 후
수척한 도둑고양이 미튼스가 비친다. 그녀는 그르렁거리며 나무 상자 꼭대기에서 왕처럼 누워있다.

사 울 : (구구 운다)

미튼스는 자기 배로 구르고 그녀와 더불어 부리에 핫독을 물고 모퉁이에서 골목길을 엿보고 있는 비둘기가 보인다.

미튼스 : 제때 왔군, 사울. 어서 들어 와. 좋았어,

그가 들어가서 그녀 앞에 공물을 바친다.

미튼스 : 사울. 아주 잘했어. 다음부턴 겨자 소스도 가져오도록 해, 알았지?

사 울 : (겁을 먹으며) 그럴게, 미튼스. 고마워.

또 다른 비둘기. 이번에는 베이글 한 조각.

미튼스 : 와! 그거 요거 저거 다 들어간 베이글이잖아, 테드?! 아주 좋았어!

테 드 : (불안해서) 그럼 잘 지내, 미튼스.

또 한 마리의 비둘기. 그는 하찮은 빵 조각을 떨어뜨리고 잰걸음으로 서둘러 간다. 하지만 그리 빠르지 못하다.

미튼스 : (화가 나서) 루이? 이게 뭐지?

루 이 : 저… 이번 주엔 별로 먹이를 못 얻었어. 이게 내가 얻은 거 절반이라고.

미튼스의 배에서 꾸르륵 소리가 난다.

▫ **scrawny**
여윈, 수척한
(of people or animals) very thin in a way that is not attractive

▫ **crate**
나무 상자, 대바구니
a large wooden container for transporting goods

▫ **purr**
그르렁거리다, 목구멍을 울리다

▫ **coo**
구구 울다

▫ **miniscule**
하찮은, 아주 작은
extremely small

▫ **crumb**
빵 부스러기, 빵 조각
a very small piece of food, especially of bread or cake, that has fallen off a larger piece

▫ **rumble**
꾸르륵 소리 나다

Zoom In

▪ Right on time, Saul.

"제 시간에 왔군, 사울"의 뜻으로 You're right on time. 또는 You've arrived right on time.의 표현이다. on time은 '정각에, 시간에 맞게'의 뜻이다. right in time for도 '~(시간)에 알맞게'의 뜻인데 시간이 여유 있음을 뜻한다.

▪ Atta boy!

구어체 표현으로 격려나 칭찬을 할 때 쓰는 표현이다. "좋아! 잘 한다! 굉장한데!" 등으로 해석된다. 한 마디로 That's a (good) boy!의 뜻이다. 군대에서 유래된 말이나 야구에서 잘 쓰인다.

· Nice bunt, attaboy! 멋진 번트야, 굉장한데!

MITTENS : You hear this, Louie? I'm starving here. And when the ol' stomach starts talking, it ain't talking to me. It's talking to... (dramatic) The claws.

LOUIE : (gasping) Not the claws! please!

MITTENS : I'm holding these bad boys back. Best I can. But, thing is, it's not up to me. The stomach's got a direct line to these babies. And I'm picking up a lot of chatter. So I'll talk to the claws, but in exchange, next week, all your food comes to me.

LOUIE : But-but-but... that's not our deal! I bring you half and you give me protection. That's our deal!

MITTENS : Yeah, well the deal just expired. Now get lost.

As he slinks off...

LOUIE : Mark my words, Mittens. One day, someone's gonna to stand up to you. Someone's gonna to teach you a lesson.

MITTENS : Yeah. I'm really scared now—

SLAM! She's thrown into the side of a trash can by a blur of motion.
Holding her fast and glaring is BOLT.

BOLT : You should be!

미튼스 :	너 이 소리 안 들려, 루이? 나 배가 몹시 고파. 배에서 쪼르륵 소리가 나면 난 성질이 더러워져… (극적으로) 발톱이 곤두선다고.
루 이 :	(헐떡이며) 제발 발톱만은! 제발!
미튼스 :	네놈들을 잡아먹지 않으려고 나도 무척 애쓰고 있어. 하지만 그게 말이야, 나한테 달린게 아니거든. 내 배와 발톱은 직접 연결돼 있어서 둘이 사이 좋게 대화를 많이 하거든. 일단은 발톱을 달래보겠지만 대신 다음 주엔 네 먹이 다 가져와.
루 이 :	하지만-하지만… 우리 약속과 다르잖아! 먹이 절반을 주면 날 지켜주기로 했잖아. 그게 조건이었어!
미튼스 :	그래, 근데 그 계약이 방금 끝났어. 그러니까 냉큼 꺼져버려.

그가 슬그머니 꽁무니를 빼며…

루 이 :	내 말 똑똑히 들어, 미튼스. 언젠가 누군가가 너한테 용감히 대항하게 될 거야. 누군가에게 된통 혼나는 날이 있을 거야.
미튼스 :	그래, 엄청나게 떨리는데 -

쾅! 흐릿한 움직임과 함께 고양이가 쓰레기통 옆으로 내던져 진다.
그녀를 꽉 잡고 노려보는 자는 볼트다.

볼 트 :	당연히 그래야지!

- **chatter**
  재잘거림, 수다
  continuous rapid talk about things that are not important
- **slink**
  살금살금 걷다(도망가다), 가만가만 다니다
  to move somewhere very quietly and slowly, especially because you are ashamed or do not want to be seen
- **stand up to**
  ~에 용감히 대항하다
- **blur**
  흐림, 침침함, 흐려 보이는 것
  a shape that you cannot see clearly, often because it is moving too fast; something that you cannot remember clearly

Zoom In

▪ Mark my words, Mittens.

"미튼스, 내 말 잘 들어."의 뜻으로 Mark what I am telling you, Mittens.와 같다. mark는 '~에 주의를 기울이다, 주목하다'의 뜻이다.

· Mark you, she tries hard.
기억해라, 그녀가 열심히 노력한다는 것을.

▪ You should be!

"당연히 그래야지!"의 뜻이며 구어체에서 잘 쓰인다. 물론 You should be scared.의 준말이다. should에는 이처럼 기대나 가능성을 나타내어 '반드시 ~일 것이다, (당연히) ~할 것이다'의 뜻이 있다. 물론 앞의 말에 be 동사가 쓰여 있어야만 사용할 수 있다.

MITTENS : (screaming) Ah! Okay!

BOLT : Where is she?

MITTENS : Ah... who?

BOLT : You know why I'm here.

MITTENS : Ah—

BOLT : Where is she?!

MITTENS : Okay! Okay. Look, buddy, I don't know what you're gettin' at but--

She hears LAUGHTER from the roof top above her. She looks up and sees THREE PIGEONS who are very proud of themselves.

VINNIE : C'mon, Mittens. Just tell the guy where she is. Tell the dog, make him happy.

BOBBY : Yeah yeah, c'mon, Mittens. Tell him!

JOEY : (laughs)

Mittens LAUGHS nervously...

MITTENS : (nervous laugh) Joey. Vinnie, Bobby. My boys. Would you tell the crazy canine that he's got the wrong cat?

The pigeons share a look, then...

VINNIE : You got her, pal!

BOBBY : That's her!

미튼스 : (비명을 지르며) 아! 알았어!

볼 트 : 그 여자 어딨어?

미튼스 : 아… 누구?

볼 트 : 내가 여기 왜 왔는지 알잖아.

미튼스 : 아 –

볼 트 : 그 여자 어딨냐니까?

미튼스 : 알았어! 알았다고. 이봐, 친구. 무슨 얘길 하고 있는지 모르겠지만 –

그녀는 위쪽 지붕 꼭대기로부터 웃음소리를 듣는다. 그녀가 올려다 보자 아주 득의양양한 비둘기 세 마리가 보인다.

비 니 : 그러지 마, 미튼스. 그녀가 어디 있는지 얼른 말해 주라고. 그렇게 해야 그 분이 좋아하시지.

보 비 : 그럼 그럼, 어서 말해, 미튼스. 말해 드리라고!

조 이 : (웃는다)

미튼스는 초조하게 웃는다…

미튼스 : (불안한 웃음) 조이, 비니, 보비. 내 똘만이들아. 제발 이 미친 개한테 번지 잘못 짚었다고 말 좀 해줄래?

비둘기들은 서로 쳐다보고 나서…

비 니 : 제대로 찾으셨어, 친구!

보 비 : 그 고양이 맞아!

▫ scream
비명을 지르다, 소리 치다, 새된 소리를 지르다
to give a loud, high cry, because you are hurt, frightened, excited, etc.

▫ nervous
겁내는, 신경과민의, 안절부절 못하는
anxious about something or afraid of something; easily worried or frightened

▫ pal
친구, 단짝, 동아리 (종종 친하지 않은 사이의 남자 호칭으로) 이봐요, 여보게, 자네

Zoom In

▪ I don't know what you're getting at.

get at은 '~을 얻다, 찾아내다, 파악하다, 이해하다, ~을 밝히려 하다, 확인하다'(hint at or suggest; try to make understandable) 등의 뜻이다. I don't know what you're talking about.와 유사한 표현이다.

▪ That's her!

"바로 그녀야!"란 뜻인데 주격보어인 she가 쓰일 자리에(즉 That's she!) her가 쓰이고 있다. 구어체에서는 특히 It's me., That's him. 등 목적격이 쓰인다. 전화를 받을 때 '접니다, 전데요'의 표현에도 This is him.이 This is he.처럼 사용된다.

VINNIE : She's the one.

JOEY : That is definitely the right cat.

BOLT : Looks like we're gonna do this the hard way.

EXT. BRIDGE - MOMENTS LATER

Bolt dangles Mittens off the edge of the railing, just as he did with the car in the earlier TV episode. He's got the scruff of her neck in his teeth. Her eyes are filled with fear as she dangles above the busy highway below.

MITTENS : Aahh! Aahh! You're crazy, man!

The pigeons watch, wide-eyed from above.

VINNIE : Hey, Joey, did we go too far on this?

JOEY : You kidding? This is the best day of my life.

BOLT : You work for the men in black who work for the man with the green eye. They've taken Penny. Where is she?!!

MITTENS : I don't know what you're talking about!!

BOLT : This is becoming tiresome, cat! In fact, I feel a yawn coming on.

MITTENS : (willing to say anything) Okay! Okay! Okay, I'll talk! I'll talk! I know where Penny is! Yeah! (improvising) They have her! Yes! The men in black! And the guy... the guy, with the blue eyes.

BOLT : Blue eyes?!

비 니 : 네가 찾던 고양이야.
조 이 : 그 고양이가 찾는 고양이야.
볼 트 : 이거 그냥 말로 해서는 안될 것 같은데.

외부. 다리 – 잠시 후

볼트는 자신이 지난번 TV 드라마에서 자동차를 그랬던 것처럼 다리 난간 가장자리에 미튼스를 매달고 있다. 그는 이빨로 그녀 목덜미를 물고 있다. 그녀가 아래쪽에 차로 붐비는 고속도로 위에 매달리게 되자 그녀의 눈은 공포로 가득하다.

미튼스 : 아아! 아아! 너 미쳤어!

비둘기들이 위에서 눈을 크게 뜨고 지켜본다.

비 니 : 이봐, 조이, 우리가 너무 심했던 거 아냐?
조 이 : 장난해? 오늘은 내 인생 최고의 날이야.
볼 트 : 네가 녹색 눈 인간의 부하인 까만 옷 입은 놈들 끄나풀 맞잖아. 그들이 페니를 데려갔어. 지금 어디 있는 거야?!!
미튼스 : 도대체 지금 무슨 소릴 하고 있는 거야!!
볼 트 : 슬슬 짜증나고 지겨워지고 있어! 나 하품 나오려고 해.
미튼스 : (무슨 말이라도 하려고 하며) 알았어! 알았어! 말할게! 말한다고! 페니가 어디 있는지 알아! 그래! (즉석에서) 그들이 데리고 있어! 맞아! 까만 색 옷 입은 자들이! 또 한 명… 파란 눈을 가진 인간하고.
볼 트 : 파란 눈?

▫ **dangle**
매달다, 달랑거려 보이다
to hold something so that it hangs or swings freely

▫ **scruff**
목덜미

▫ **tiresome**
지루한, 따분한, 성가신
annoying to the point of exhaustion

▫ **improvise**
즉석에서 하다(연주하다, 짓다)
to invent music, the words in a play, a statement, etc. while you are playing or speaking, instead of planning it in advance

Zoom In

▪ Did we go too far on this?

원래 go too far는 관용어로 '지나치다, 너무 하다'의 뜻이다. carry it too far라고도 한다.

· A: You've gone too far! 너 말이 지나치잖아!
  B: I'm sorry I've gone too far.
  미안해요, 제가 심했던 것 같아요.

▪ You kidding?

"너 농담해?"란 뜻이며, 비슷한 표현으로는 다음과 같다.

Are you kidding? = You're kidding?
Are you kidding me? = You kidding me?
Are you serious? = You must be joking!

MITTENS : (backpedaling) Um... Oh! Green! Yes! Green! The one green eye!

BOLT : You just can't stop lying, can you, cat? It's in the genes. It's just gross.

MITTENS : I know. It's disgusting. I disgust myself.

Mittens spies THE ADDRESS TAG on Bolt's collar. An idea!

MITTENS : (to herself) Hollywood... (to Bolt) But if you put me down I'll show you where she is!

BOLT : Hmmm...

Bolt's gaze remains steely as he lifts the bewildered cat to safety. She LAUGHS nervously.

EXT. ALLEY - WAFFLE WORLD RESTAURANT - MOMENTS LATER

In the alley behind a restaurant, Bolt waits impatiently as the leash connected to his collar snakes inside the dumpster.

MITTENS : (from inside the dumpster) You know, I hope you appreciate the risk I'm taking here.

She pops out of the top. She holds a wrinkled paper close to her chest. The other end of Bolt's leash is tied around her. She's a prisoner.

MITTENS : Every bone in my evil cat body is telling me not to betray the trust of the Green-Eyed Man.

미튼스 : (철회하면서) 음… 아! 녹색이야! 맞아! 초록색! 녹색의 눈!

볼 트 : 네가 아주 거짓말을 밥 먹듯이 하는구나. 아주 타고 났어. 역겨운 녀석 같으니라고.

미튼스 : 나도 알아. 진짜 한심하지. 내 자신이 역겨워.

미튼스는 볼트의 목덜미에 있는 주소 적힌 꼬리표를 훔쳐 본다. 좋은 생각이 떠오른다!

미튼스 : (혼잣말로) 할리우드라… (볼트에게) 하지만 날 지금 내려준다면 그녀가 어디 있는지 말해줄게!

볼 트 : 음…

볼트가 당황한 고양이를 안전하게 들어올릴 때 볼트의 시선은 냉혹하다. 그녀는 불안하게 웃는다.

외부. 골목 – 와플 월드 레스토랑 – 잠시 후
식당 뒤의 골목길에서 그의 목덜미에 연결된 가죽끈이 쓰레기 통 안으로 살며시 들어가자 볼트는 조바심하며 기다린다.

미튼스 : (쓰레기 통 안에서) 내가 지금 얼마나 어려운 결정을 했는지 알아줬음 좋겠어.

그녀는 꼭대기에서 튀어나온다. 그녀는 자기 가슴 가까이에 구겨진 신문을 갖고 있다. 볼트의 가죽끈 다른 쪽 끝은 죄수처럼 고양이에 묶여져 있다.

미튼스 : 내 뼈 속 깊은 곳으로부터 녹색 눈 인간을 배신하면 안 된다고 아우성치고 있거든.

▫ **backpedal**
(의견, 약속 등을) 철회하다

▫ **gene**
(생물) 유전자, 유전 인자
(biology) a unit inside a cell which controls a particular quality in a living thing that has been passed on from its parents

▫ **gross**
(태도, 농담 등이) 야비한, 천한, 추잡한
very unpleasant; very rude

▫ **snake**
살며시 가버리다
to move like a snake, in long twisting curves; to go in a particular direction in long twisting curves

▫ **dumpster**
덤프스터(금속제의 대형 쓰레기 수집 용기. 상표명)

Zoom In

▪ **I hope you appreciate the risk I'm taking here.**

직역하면 "내가 지금 여기서 무릅쓰고 있는 위험을 네가 고맙게 여기기를 바란다"이다. 즉 take(run) a risk는 '위험을 무릅쓰다, 되든 안 되든 모험을 해보다'의 뜻이다. risk 다음에는 관계대명사 which가 생략되어 있음

▪ **...tell me not to betray the trust...**

부정사의 부정은 보통 부정사 앞에 not을 붙여 표현한다. 준동사인 동명사나 분사도 마찬가지다. 따라서 '신임을 배신하지 말라고 나에게 말한다'의 뜻이 된다.

She leaps to the ground. She spreads the paper on the pavement.
The piece of paper is a place mat. On it is a colorful map of the U.S. which displays the dozens of Waffle World restaurant locations across America.

MITTENS : Okay, this is a top, top secret map of the entire Earth. (pointing to map) Now we're over here. By the green lady with the big torch. And my boss has Penny locked up... uhh... right... right over...

She furtively attempts to match the letters on his collar -- 'Hollywood' -- to those on the map. Indiana... South Dakota... finally, HOLLYWOOD! She points to a sunglasses-wearing waffle beside a camera on a tripod.

MITTENS : Ooh! Here! By the waffle with the sunglasses. Now, all you need to do is get from here to there.

BOLT : (skeptical) Hmmm...

MITTENS : Well, I told you where to find her so, if you'll just untie me, I'll be on my way.

BOLT : I'll release you, cat. When we find Penny.

MITTENS : Excuse me?! That wasn't the deal! We had a deal!

BOLT : Your deal just expired.

All four pigeons watch the proceedings on a nearby power line.

STOOL PIGEON : (giggling gleefully) She said that to me not ten minutes ago. The irony.

그녀는 바닥으로 뛰어내린다. 그녀는 신문을 보도 위에 펼친다.
그 신문 조각은 식탁용 매트이다. 그 위에는 미국 전역에 수십 개의 와플 월드 레스토랑 위치를 알려주는 미국의 천연색 지도가 나와 있다.

미튼스 :	좋아, 이건 이 세상에서 가장 특급의 비밀 지도야. (지도를 가리키며) 우린 지금 여기에 있어. 커다란 횃불을 든 처녀 옆에 말이야. 그리고 우리 두목이 페니를 가둔 곳은… 어… 맞아… 여길 지나서…

그녀는 살그머니 볼트의 목걸이에 쓰여있는 글자 즉 '할리우드'를 지도 위의 그것과 맞추려고 한다. 인디애나… 사우스 다코타… 마침내 할리우드! 그녀는 영사기 옆에 선글라스를 낀 와플을 가리킨다.

미튼스 :	오! 여기야! 선글라스를 낀 와플 옆. 자, 이젠 여기서부터 여기까지 가기만 하면 돼.
볼 트 :	(회의적으로) 음…
미튼스 :	자, 이제 그녀가 있는 곳을 다 말해줬으니까 이젠 날 좀 풀어줘. 내 갈 길 가게.
볼 트 :	내가 페니를 찾게 되면 그때 널 풀어주겠어.
미튼스 :	무슨 소리야?! 원래 약속과는 다르네! 우리 계약했잖아!
볼 트 :	방금 그 계약이 끝나버렸어.

네 마리 비둘기는 모두 근처 전선줄에 앉아 의사록을 지켜본다.

후림비둘기 :	(즐겁게 킬킬 웃으며) 불과 10분 전에 저 고양이가 나한테 한 말인데. 고소해라.

▫ place mat
식탁용 매트
a mat on a table on which a person's plate is put

▫ furtively
몰래, 살그머니, 슬쩍

▫ tripod
삼각대, 삼발이
a support with three legs for a camera, telescope, etc.

▫ proceedings
의사(록), 소송 절차, 변론

▫ stool pigeon
후림비둘기

▫ gleefully
매우 기뻐하며, 즐겁게, 대단히 기분이 좋아서

Zoom In

▪ I'll be on my way.

이것은 "난 내 갈길 가겠다."란 의미이다. be on one's way는 '어딘가로 여행을 떠나다'의 뜻이다.

· At last we were on our way.
마침내 우리는 여행 길에 올랐다.

▪ We had a deal!

deal은 '(쌍방에 이익이 되는)협정, 담합, 부정거래, 뒷거래, 밀약' 등의 뜻이다. 그래서 have a deal하면 '협정을 맺다, 담합을 하다' 등의 뜻이 된다. 구어체에서 잘 쓰이는 표현에는 That's a deal.(좋아, 알았다, 그것으로 결정하자)이 있다.

Bolt drags Mittens out of the alley and down the street.
She STRUGGLES as she works at the knot, but it holds fast.
Around one corner, Bolt spots a U-Haul truck and heads for it. Mittens GRUNTS in complaint.

BOLT : Ooo... Perfect.

There's a lock on the truck's door.

BOLT : Hmm. Padlocked.

Bolt's eyes grow wide. He gazes at the lock, super-intense, attempting the HEAT VISION we saw on the TV set.
Mittens GRUNTS as she tries unsuccessfully to free herself from the leash. She tries another tack, brandishing her paw.

MITTENS : Listen, Cujo! I got some pretty wicked claws under these mitts. Do not, I beg of you, do not make me bring out these bad boys! It gets ugly.

Unfazed, Bolt holds his gaze.

MITTENS : (leaning in) What are you doing?

BOLT : Stay back! If I stare at the lock really hard, it will burst into flames and melt.

MITTENS : Now I'm concerned on a number of levels.

They hear the U-Haul MOVERS approach...

BOLT : Oh no! Intruders!

볼트는 골목길에서 그녀를 끌고 거리로 나간다.
미튼스는 매듭을 푸느라고 무척이나 애를 쓰지만 그것은 더 단단히 묶인다.
한 모퉁이에서 볼트는 유-홀 트럭을 보고는 그것을 향해 간다. 미튼스는 불평하면서 투덜댄다.

볼 트 : 오··· 완벽해.

트럭 문에 자물쇠가 있다.

볼 트 : 음. 자물쇠로 잠겼군.

볼트의 눈이 커진다. 그는 텔레비전 화면에서 본 것처럼 극도로 집중해서 투시안을 시도하면서 자물쇠를 노려본다.
미튼스는 가죽끈에서 풀려 나오기 위한 노력이 허사로 끝나자 투덜댄다. 그녀는 자기 발톱을 과시하면서 방침을 바꾼다.

미튼스 : 이봐, 깡패씨! 내가 이래 봬도 이 주먹 밑에 날카로운 발톱을 가진 고양이야. 부탁인데, 이 살벌한 애들을 꺼내는 경우가 생기지 않게 해줘. 후회할 거야.

조금도 당황하지 않으며 볼트는 뚫어지게 바라본다.

미튼스 : (몸을 굽히며) 뭐 하는 거야?

볼 트 : 물러서! 내가 저 자물쇠를 계속 노려보면 불꽃이 일어나면서 녹게 돼 있어.

미튼스 : 이거 상태가 아주 심각하네.

그들은 유-홀 운송업자들이 다가오는 소리를 듣는다···.

볼 트 : 아 안돼! 침입자다!

▫ **U-Haul**
미국의 설비(장비) 렌탈회사

▫ **padlock**
맹꽁이 자물쇠로 잠그다
to lock something with a padlock

▫ **try another tack**
방침을 바꾸다

▫ **brandish**
과시하다, 휘두르다
to hold or wave something, especially a weapon, in an aggressive or threatening way

▫ **Cujo**
스티븐 킹의 심리공포소설에 나오는 개 이름

▫ **mitt**
주먹

▫ **unfazed**
마음이 동요하지 않은, 당황하지 않은
not worried or surprised by something unexpected that happens

▫ **intruder**
침입자

Zoom In

▪ Mittens grunts in complaint.

'미튼스는 불만스레 투덜거린다.'는 뜻인데 in complaint는 〈전치사 + 추상명사 = 부사〉 구문으로 complainingly(불평하며, 투덜거리며, 불만스레)와 같은 의미를 지닌다.

· in surprise (= surprisedly) 놀라서.

▪ I beg of you.

이는 "너한테 간청하는데, 부탁하는데."의 뜻으로 beg이 자동사로 쓰일 경우 beg of a person to ~(~에게 ~해줄 것을 간청하다)의 형태로 쓰인다. 여기서는 뒤의 do not make me bring out ~이 명령문으로 쓰인 것이다.

Bolt rushes to take cover, dragging Mittens behind him.

MITTENS : Huh? Whoa--! Owf! Owf! Slow down, you're scrapin' the fur off my—

WHOMP! She slams into a mailbox.

MITTENS : ...eeehhh...

Bolt drags the unconscious cat under the mailbox, then looks out to find the movers approach with a sofa.

MOVER 1 : Oh boy. This thing is heavy.

MOVER 2 : Hey, hey. Put it down. I forgot the keys. I'll be right back.

Mover 1 collapses onto the love seat with a big EXHALE.

MOVER 1 : (grunting and wheezing) Whoo!

A spinning noise. The mover looks down to see A PENNY roll to a stop -- PLINK! -- right at his feet.

MOVER 1 : Huh?

As he leans down to pick it up, we see Bolt sneak under the couch, dragging the knocked out cat with him.

MOVER 1 : Hey. Lucky penny.

The mover flips the coin in the air, where it's snatched up by his newly returned partner.

볼트는 뒤에 미튼스를 끌고 숨기 위해 달린다.

미튼스 : 어? 우와! 천천히 가, 내 털 다 빠져!

탕! 그녀는 우체통에 부딪친다.

미튼스 : …아야…

볼트는 우체통 아래로 의식을 잃은 고양이를 끌어서는 밖을 내다보자 인부들이 소파를 들고 다가오는 것을 발견한다.

인부 1 : 아 이런. 이거 더럽게 무겁네.

인부 2 : 이봐. 내려놔. 열쇠를 깜박 했어. 금방 돌아올게.

인부 1은 크게 숨을 내쉬며 2인용 소파에 쾅 주저 앉는다.

인부 1 : (투덜대고 씨근거리며) 후!

뱅뱅 돌아가는 소리. 그 인부는 아래를 내려보고 1페니 짜리 동전이 굴어와 멈추는 것을 발견한다 – 찌르릉! —— 바로 발 밑이다.

인부 1 : 어라?

그가 동전을 줍기 위해 몸을 숙이자 볼트가 뻗어버린 고양이를 끌고 소파 밑으로 몰래 기어가는 것이 보인다.

인부 1 : 야. 행운의 페니네.

그 인부는 공중으로 그 동전을 튀기는데 그것을 새롭게 돌아온 파트너가 낚아챈다.

whomp
탕(탁) 하고 나는 소리

love seat
2인용 소파 또는 의자
a comfortable seat with a back and arms, for two people to sit on

wheeze
씨근거리다, 숨을 헐떡이며 말하다
to breathe noisily and with difficulty

plink
찌르릉 소리를 내다, 찌르릉하고 울다

Zoom In

▪ Bolt rushes to take cover.

take cover는 군사 용어로 '(지형지물을 이용하여) 숨다, (적의 포화 등에서) 몸을 지키다, 피난하다, 수비하다'의 뜻이다.

· Students took cover during annual tornado drill. 학생들은 연례 행사인 토네이도 훈련을 하는 동안 피난을 했다.

▪ I'll be right back.

"곧 돌아올게."란 가장 보편적인 표현으로 보통 I'll come right back.이라고 하지 않는다. 물론 강조하는 right를 빼고 I'll be back. 또는 I'll be back soon.으로 쓸 수도 있다. 식당에서 주문을 받은 종업원이 흔히 이 말을 하는 걸 들을 수 있다.

MOVER 2 : Thanks. Now move your butt.

As they load the sofa onto the truck, we see BOLT AND MITTENS stowed below on its bars, mimicking Bolt and Penny's Bolivian truck infiltration. The truck is closed up and drives away. On a ledge high above, sit the pigeons.

VINNIE : Ugh, it's on the tip of my tongue. I know that dog. I'm telling you, Joey. Bobby. You guys are looking at me like, "Eh, he don't know." I'm telling you, I know this dog.

The camera pulls out and we see that the window sill they are sitting on is actually under a huge billboard with Bolt's face.

VINNIE : I seen him somewheres.

JOEY : Eeh... You'll remember it tonight when you're preening.

VINNIE : Right, that's--that's what'll happen.

They fly away as the U-Haul speeds over the George Washington bridge and out across America.

인부 2 : 고마워. 어서 일 하자고.

그들이 그 소파를 트럭에 실을 때 볼트와 미튼스가 보인다.
그들은 볼트와 페니의 볼리비아 트럭 잠입을 흉내내면서 지렛대를 타고 트럭 아래에 몸을 싣는다.
그 트럭은 문이 닫히고 떠난다. 위쪽 높은 가로대 위에 비둘기들이 앉아 있다.

비 니 : 어, 이름이 혀끝에서 맴도네. 나 저 개 알아. 정말 이야, 조이, 보비. 너희들 "어, 뻥까네"하는 표정 짓지 마. 정말이야. 나 저 개 알아.

카메라가 물러나면서 그들이 앉아 있는 창문 턱이 사실은 볼트의 얼굴이 그려진 커다란 TV 광고게시판 아래임이 보인다.

비 니 : 분명히 어디선가 봤어.

조 이 : 그래… 오늘 밤 잘 때까진 기억이 나겠지.

비 니 : 그래 맞아, 그때까진 기억이 나겠지.

그들이 날아가자 유-홀 차가 조지 워싱턴 다리를 넘어 미국을 횡단하며 달린다.

stow
싣다, 집어넣다
to put something in a safe place

infiltration
침입, 잠입

ledge
(벽, 창 등에서 내민) 선반, 가로대
a narrow flat shelf fixed to a wall, especially one below a window

billboard
광고게시판
a large board on the outside of a building or at the side of the road, used for putting advertisements on

preen
날개를 부리로 다듬다, 털을 혀로 정리하다

112 Now move your butt. 어서 서둘러.

butt은 구어로 '엉덩이'의 뜻으로 move your butt은 get off your butt, move your ass로도 쓸 수 있는 관용구다. hurry move, get going의 뜻이다. 물론 그냥 '엉덩이를 움직이다'는 뜻도 있다.

· Get off your butt and do some work! 어서 서둘러 일 좀 해라!
· Get off your knees and move your butt. 무릎을 꿇고 엉덩이를 움직여라.

112 On a ledge high above, sit the pigeons.

위쪽 높은 곳 선반 위에 비둘기들이 앉아 있다.

문장 앞에 부사나 부사구 등이 강조되어 나올 때 뒤에 위치하는 주어와 동사는 도치되어 쓰인다.

· Here and there over the grass stood beautiful flowers.
풀밭 여기저기 아름다운 꽃들이 피어 있었다.

112 It's on the tip of my tongue. 그게 혀 끝에서 맴도네.

on[at] the tip of one's tongue은 '말이 입 끝에서 뱅뱅 돌 뿐 생각이 나지않아, 하마터면 말이 나올 뻔했어'의 뜻이다.

· I'm just trying to remember his name. It's on the tip of my tongue.
그의 이름을 기억해 내려고 하는데 혀끝에서 맴도네.

Chapter 05

The Journey Back to Penny

페니의 여행

한편 페니는 볼트가 그리워 큰 슬픔에 잠겨 있다. 미튼스는 볼트의 손아귀에서 벗어나기 위해 기회가 있을 때마다 탈출을 시도하지만 번번이 실패한다. 볼트는 미튼스에 대한 경계심을 늦추지 않는다. 그 사이 미튼스는 볼트에게 정말 초능력이 있는지 의심을 품게 되며, 볼트를 이용하여 사람들에게서 음식을 얻어 먹으며 계속 기회를 엿본다.

EXT. STUDIO LOT - DAY

The AGENT crosses the lot, headed toward Bolt's trailer. He hangs up a phone call, and pumps his fist with a triumphant 'yes!'

INT. BOLT'S TRAILER

Penny sits with her mom on Bolt's bed, crying softly. In her hand is a Polaroid she had taken of the two of them on one of their many adventures.
The AGENT enters.

AGENT : I have got some good news!

PENNY : (brightens) Really?

AGENT : Yes I do, I just booked you on the Tonight Show, lead guest!

PENNY : (sighs disappointedly)

AGENT : (realizing) Right... the... I mean which means just absolutely nothing if Bolt is still missing. It's not even good news, like whatever, so what. Tonight Show. Who cares? I don't care.

He wanders off to the other end of the trailer.

MOM : Oh. It's okay baby.

PENNY : He must be so scared.

MOM : Scared? This is Bolt we're talking about. He's not scared of anything.

PENNY : (weak laugh)

외부. 스튜디오 - 낮

매니저가 영화촬영장을 가로질러 볼트의 트레일러를 향해 간다. 그는 전화를 끊으며 승리의 "됐어!"를 외치며 주먹을 들어올린다.

내부. 볼트의 트레일러

페니는 조용히 울면서 볼트의 침대에 엄마와 같이 앉아 있다. 그녀의 손에는 볼트와의 많은 모험에서 둘이 찍은 폴라로이드 사진이 들려 있다.
매니저가 들어온다.

매니저 : 아주 기쁜 소식이 있어요!

페 니 : (기분이 밝아진다) 정말요?

매니저 : 그렇대두. 투나잇 쇼에 널 출연시키기로 막 약속을 했단다. 초대 손님으로!

페 니 : (실망해서 한숨을 쉰다)

매니저 : (깨달으면서) 맞아… 그게 그렇게 중요한 일은 못되지, 아직 볼트를 찾지도 못했는데. 그게 뭐가 좋은 소식이겠냐. 투나잇 쇼면 다야? 누가 신경 쓰겠어? 별로 중요한 게 아니지.

그는 트레일러 반대편 끝으로 서성거린다.

엄 마 : 너무 걱정 마라 얘야.

페 니 : 틀림없이 겁에 질려 있을 거에요.

엄 마 : 겁에 질려 있다고? 볼트가 어떤 갠데 무서워하겠어. 갠 겁나는 게 없는 개야.

페 니 : (약하게 웃는다)

pump
퍼붓다, 퍼 올리다
to move something quickly up and down or in and out

triumphant
의기양양한, 득의의
showing great satisfaction or joy about a victory or success

Polaroid
폴라로이드, 인조 편광판(상표명)

lead
주요, 수위의, 선도하는
the position ahead of everyone else in a race or competition: the main part in a play, film/movie, etc.

Zoom In

▪ I have got some good news!

"아주 기쁜 소식이 있어!란 뜻으로 단순하게 I have some good news. 또는 I got some good news.라고도 할 수 있다. have got은 구어체다.

· Have you got a newspaper?
신문을 가지고 계십니까?

▪ I just booked you on the Tonight Show.

이것은 "투나잇 쇼에 널 출연시키기로 계약을 했다."는 뜻으로 book은 '출연 계약을 하다'의 의미이다. 1954년 이래로 미국 NBC방송을 지켜온 한밤의 토크 쇼다. 한 때는 자니 카슨 같은 명 호스트를 배출하기도 했다.

AGENT : I bet Bolt would want you to do the Tonight Show.

MOM and PENNY stare him down.

AGENT : (cowardly) Uh... maybe not.

Penny's mom comforts her.

MOM : Bolt loves you very much, sweetie. And you're here. He couldn't have gone far.

EXT. HIGHWAY

The U-Haul chugs past a 'Welcome to Ohio' sign.

IN THE TRUCK

Bolt sits on a couch, fully alert while Mittens rifles through boxes behind him.

MITTENS : So, uh, if you've got superpowers... I guess that would make you, what, like, ah, some kinda Superdog?

BOLT : That information is classified.

MITTENS : Oh, c'mon! Like... like what's your best power? Your go-to move? How about flying. Can you fly?

BOLT : Don't be silly. I can't fly.

Mittens finds a toothbrush and tosses it. She finds a toilet brush, then a loofah and tests its weight.

MITTENS : Okay, okay fine, if you don't have any powers, you don't have any powers. What's it to me?

매니저 : 볼트는 네가 투나잇 쇼에 나가길 바랄 거야.

엄마와 페니는 그를 노려보아 꼼짝 못하게 한다.

매니저 : (비겁하게) 혹시… 그게 아닐 수도 있을 거야.

페니의 엄마가 그녀를 위로한다.

엄 마 : 볼트가 널 얼마나 좋아하는데 그래. 네가 여기 있으니까 그리 멀리 가지 않았을 거야.

외부. 고속도로
유홀 차량이 "오하이오에 오신 걸 환영합니다"라고 쓰인 간판을 지나 소리 내며 달린다.
트럭 안
미튼스가 뒤에서 상자를 샅샅이 뒤지는 동안 볼트는 완전한 경계태세를 갖추어 의자 위에 앉아 있다.

미튼스 : 그럼, 네가 초능력을 가졌다면…. 그런 넌 뭐야, 무슨 슈퍼개라도 된다는 소리야?

볼 트 : 그건 일급 비밀이야.

미튼스 : 아, 그러지 마! 제일 센 파워가 뭔데? 네 주특기는? 날으는 건 어때? 날 수 있어?

볼 트 : 그건 말도 안 돼. 난 못 날아.

미튼스가 칫솔을 발견하고는 그것을 던진다. 그녀는 화장실 솔을 찾아내고 다음엔 수세미를 찾아내어 그 무게를 달아본다.

미튼스 : 알았어, 그 정도면 됐어. 네가 어떤 능력도 없다면 없는 거겠지. 내가 알 바 아니야.

- **stare down**
  노려 보아 꼼짝 못하게 하다
- **chug**
  칙칙폭폭 소리 내며 나아가다
  to move making the sound of an engine running slowly
- **alert**
  경계하는, 조심하는
  able to think quickly; quick to notice things
- **rifle**
  샅샅이 뒤지다, 강탈하다
  to search quickly through something in order to find or steal something
- **classified**
  (군사 정보, 문서 등이) 기밀 취급의
  officially secret and available only to particular people
- **go-to move**
  주특기, 장기
- **loofah**
  수세미

Zoom In

I bet Bolt would want you to do the Tonight Show.

bet은 뒤에 that 절을 취해서 '단언하다, 보증하다'의 뜻으로 잘 쓰인다. I bet you that ~, I'll bet you that~으로 표현하기도 한다.

· I bet that he will come to the party.
난 그가 파티에 올 거라고 장담한다.

What's it to me?

직역해서 "그게 나에게 뭐냐?"의 뜻이 보여주는 것처럼 What does it have to do with me?와 같은 표현이다.

· You say that again and again, but what's it to me? 네가 자꾸 그걸 반복하는데 그게 나와 무슨 상관이냐?

BOLT : I have a superbark.

Mittens pulls out a bowling trophy and taps it against her paw, considering the possibilities.

MITTENS : A superbark. Wow, you're kidding me.

Mittens sees it: a baseball bat! Way up about three boxes high. She sneaks towards it as she speaks.

MITTENS : (buying time) What exactly does one do with a superbark?

BOLT : I really can't talk about it, it's classified. So I suggest you pipe down and take me to Penny.

MITTENS : You're awfully attached to this Penny character, huh wags?

BOLT : She's my person.

As she speaks, she lifts the bat from the box and holds it over her head.

MITTENS : Oh please, she's a person... And if you ask me, the only good person is a—DAAUGH…

The bat is too heavy for her and she falls back onto the pile. The force of her impact disturbs the stack and the top box comes tumbling down, landing on Bolt in a shower of pink Styrofoam packing peanuts.

BOLT : (Screams) STYROFOAM!!!

Bolt leaps across the truck to the rolling door, grabs the latch, and gives it a yank.

볼 트 : 난 슈퍼 목청이 있어.

미튼스는 볼링 트로피를 꺼내 가능성을 고려하면서 자기 발톱에 대고 친다.

미튼스 : 슈퍼 목청이라. 굉장하네, 설마 농담이겠지.

미튼스는 마침내 야구 배트를 발견한다! 세 상자 가량 위쪽 훨씬 높은 곳에 있다. 그녀는 말을 하면서 그것을 향해 살금살금 다가간다.

미튼스 : (시간을 벌며) 도대체 슈퍼 목청으로 뭘 하는데?

볼 트 : 그건 정말 말 못해. 일급 비밀이거든. 그러니 입다물고 날 페니한테 데려다 주기만 해.

미튼스 : 정말 너 페니라는 애한테 되게 충성이구나?

볼 트 : 내 주인이니까.

그녀가 말하면서 상자에서 야구 배트를 들어 자기 머리 위로 올려 잡는다.

미튼스 : 그만 웃겨. 그 앤 인간일 뿐이야. 내가 한 마디 할게. 이 세상에 착한 인간이란 오직 으아…

배트가 그녀가 들기에는 너무 무거워 더미 위로 떨어진다. 그녀가 충돌하는 힘이 쌓아 놓은 물건을 어지럽혀 꼭대기 상자가 굴러 떨어지면서 볼트 위에 내려 앉아 분홍색 스트로폼 포장용 땅콩이 쏟아진다.

볼 트 : (비명을 지르며) 스트로폼이다!!!

볼트는 트럭을 가로질러 뒤로 젖혀진 문으로 뛰어 걸쇠를 잡고는 획 잡아당긴다.

- **pipe down**
  조용해지다, 입 다물다
- **attach**
  ~에게 애착을 갖게 하다, 애정에 매이게 하다
  to believe that something is important or worth thinking about
- **wag**
  까불이, 익살꾸러기, 게으름뱅이
  a person who enjoys making jokes
- **impact**
  충격, 충돌
  the powerful effect that something has on somebody/something
- **yank**
  홱 잡아당김

Zoom In

▪ You're kidding me.

"설마 농담이겠지."의 뜻으로 You must be kidding me. No kidding. 등으로 말할 수도 있다.

· You're kidding me! You never mentioned it. 너 농담이지! 그런 얘기 전혀 하지 않았잖아.

▪ The bat is too heavy for her.

too ~ for 구문은 too ~ to 구문과 같다. 그래서 The bat is too heavy for her to lift.와 같은 의미이다.

· This problem is too difficult for me to solve. 이 문제는 내게 너무나 어렵다.

BOLT : Tuck and roll!

MITTENS : Tuck and what?

YOINK! The leash goes tight, Mittens is pulled along as Bolt runs and LEAPS FROM THE MOVING TRUCK!
After they've jumped from the U-Haul...

EXT. ROADSIDE

They tumble down a grassy hill, the leash between them snapping.
They come to rest in a field. Woozy, Bolt struggles to his feet.

BOLT : Oww... (examining his paw) What is this red liquid coming from my paw?

Mittens rubs her head, none too happy.

MITTENS : It's called blood, hero.

BOLT : Do I need it?

MITTENS : Yes! So if you want to keep it inside your body, where it belongs, you should stop jumping off trucks doing eighty on the interstate!

BOLT : Yeah well normally I'm a tad more indestructible. Must've been the Uh... (gasp!)

Bolt spots a packing peanut lying nearby.

BOLT : Styrofoam! That stuff, it weakens me!

볼 트 : 감싸고 굴러!

미튼스 : 감싸고 뭐?

요잇! 가죽끈이 팽팽해지면서 볼트가 뛰어가 달리는 트럭에서 도약을 하자 미튼스는 끌려간다.
그들이 유-홀 트럭에서 뛰어내린 후…

외부. 길가

그들은 풀이 무성한 언덕 아래로 굴러 떨어지며 그들 사이의 가죽끈은 딱 소리가 난다. 그들은 들판에 와서 멈춘다. 머리가 띵하여 볼트는 애써 일어선다.

볼 트 : 오… (자기의 발을 검사한다) 아니 내 발에서 나오고 있는 이 빨간 액체는 도대체 뭐지?

미튼스는 머리를 비비는데 조금도 기쁘지 않다.

미튼스 : 그건 피란 겁니다, 영웅 나리.

볼 트 : 나한테 그게 필요해?

미튼스 : 그럼! 그러다가 피가 네 몸 밖으로 쏟아져 나오는 꼴 당하기 싫으면 고속도로에서 시속 100 킬로 이상 달리는 트럭에서 뛰어내리는 짓 다시는 하지마!

볼 트 : 참 이상하네. 난 평소엔 웬만해선 안 다치는데. 틀림없이 뭔가 잘못— (으윽!)

볼트는 포장용 땅콩이 근처에 놓여 있는 것을 목격한다.

볼 트 : 스트로폼이다! 바로 저거야, 그것 때문에 약해졌어!

▫ **yoink**
감탄사로 유머러스한 장난기로 훔칠 때 사용

▫ **woozy**
멍한, 띵한, 머리가 흐릿한
feeling unsteady, confused and unable to think clearly

▫ **liquid**
액체, 유동체
a substance that flows freely and is not a solid or a gas, for example water or oil

▫ **tad**
약간, 조금, 소량
a very small amount

Zoom In

▪ Mittens rubs her head, none too happy.

'미튼스는 머리를 긁는데 조금도 즐겁지 않다.'는 뜻이다. none too나 none so는 '결코 ~않다, 조금도 ~않다'의 의미이다.

· The place was none too clean.
그 곳은 조금도 청결하지 않았다.

▪ Must've been the uh...

must have been은 과거에 대한 추정을 나타내어 '~이었음에 틀림없다'의 표현이다. 물론 It must've been the uh...에서 주어가 생략된 것이다.

· What a sight it must have been!
그건 틀림없이 장관이었을 것이다!

Mittens gets an idea. Buying into his delusion, she leaps to the Styrofoam peanut and turns it on him like a weapon.

MITTENS : Aha!

BOLT : What are you doing?! Put that down!

MITTENS : Alright, that's it! I've had it with you! Untie me, pooch! Or I'm gonna... I'm gonna aaahhh... I'm, gonna seriously wound you, I'm gonna seriously wound you with this Styrofoam!

Bolt tries to reason with her, like talking down someone with a bomb...

BOLT : Are you mad?! You don't know the power of Styrofoam!!

They slowly circle around each other.

MITTENS : Oh you bet I'm mad, baby! And I'm about to unleash it. The power. Of the Styrofoam.

She presses forward, brandishing the peanut in his face.

BOLT : Whoa! Alright cat! Okay. You win. I'll untie you.

He glances upward.

BOLT : That's a weird place to put a piano.

Mittens looks and as she does...

BOLT : Hiii-Yaa!

미튼스는 생각이 떠오른다. 그녀는 볼트의 망상을 이용하여 스트로폼 땅콩으로 뛰어 그것을 들고 무기처럼 그에게 향하게 한다.

미튼스 : 아하!

볼 트 : 뭐 하는 거야?! 그거 내려놔!

미튼스 : 이제 그만 좀 해! 이제 더 이상 못 참겠어! 어서 날 풀어줘, 잡종개야! 안 그랬다간 난 정말 널 개박살 내줄 거야. 이 스트로폼으로 널 개떡으로 만들어 버릴 거야!

볼트는 폭탄을 든 누군가를 말로 누르는 것처럼 그녀를 설득하려고 애를 쓴다.

볼 트 : 너 미쳤냐? 스트로폼이 얼마나 무서운 건데!

그들은 서로 주위를 천천히 돈다.

미튼스 : 아 그래 나 미쳤다, 이놈아! 그래서 진짜 맛 좀 보여주려는 거야. 스트로폼의 위력 말이야.

그녀는 땅콩을 그의 얼굴에 휘두르면서 앞으로 나선다.

볼 트 : 와! 그만 좀 해! 알았어. 내가 졌어. 풀어줄게.

그는 위쪽을 힐끗 본다.

볼 트 : 어떻게 저런 데다 피아노를 놨지?

미튼스가 본다. 그녀가 볼 때…

볼 트 : 하이 – 야!

delusion
착각, 망상
a false belief or opinion about yourself or your situation

pooch
잡종개
a dog

talk down
말로 누르다
to speak to somebody as if they were less important or intelligent than you

unleash
~의 속박을 풀다, ~의 가죽끈을 끄르다
to suddenly let a strong force, emotion, etc. be felt or have an effect

Zoom In

▪ Bolt tries to reason with her.

reason with는 '설득하다, 설명하다, 이치를 따지다'의 뜻으로 전체의 뜻은 '볼트는 그녀를 설득하느라 애를 쓴다.'는 의미이다.

· I reasoned with him on the matter.
나는 그 문제에 대해 그를 설득했다.

▪ You bet I'm mad, baby!

"그래 나 미쳤다!"의 뜻으로 You be…! 또는 Bet yo…!는 구어로 '그렇고 말고, 물론, 틀림없이 ~이다'는 뜻의 표현이다.

· A: Are you going to the seaside?
너 바다에 갈 거니?
B: You bet I am! 물론 가고 말고!

Bolt, karate-chops Mittens' wrist and she drops the peanut.
She screams as Bolt tackles her to the ground.

BOLT : (holding Mittens) Are we gonna have any more problems, cat?

MITTENS : No! No. No more problems! I'll take you to Penny.

Bolt sniffs the air, and his STOMACH ROARS VIOLENTLY. Bolt is thrown by this. He's never felt this before. He grabs his stomach.

BOLT : Augh! What is that?

MITTENS : What?

Bolt GROANS PAINFULLY as his stomach growls again.

BOLT : That! Okay, you have two seconds to tell me what you've implanted in me, cat! Poison?! A parasite?! Poison? Oh no I just said that didn't I. See I'm all discombobulated. I can't think straight.

MITTENS : (eyes rolling) I don't believe this. You're hungry.

He grabs the leash, yanking Mittens to the ground.

BOLT : Where is the antidote?!

MITTENS : Okay! Okay! Alright...

EXT. GRASSY HILLTOP

Bolt and Mittens crest the hill and peer down into the clearing below.

MITTENS : There's your antidote. Food...

볼트가 그녀의 손목을 가라테로 내려치자 그녀는 땅콩을 떨어뜨린다. 미튼스는 볼트가 자신을 공격하여 바닥에 눕히자 비명을 지른다.

볼　트 : (미튼스를 잡으며) 너 자꾸 시건방 떨고 그럴래, 야옹아?

미튼스 : 아냐! 다시는 안 그럴게! 페니한테 데려다 줄게.

볼트는 공기를 들여 마시는데 그의 배가 심하게 울린다. 볼트는 이것에 의해 당황한다. 그는 전에는 이런 일을 경험한 적이 없다. 그는 배를 움켜 쥔다.

볼　트 : 어! 이게 무슨 소리지?

미튼스 : 뭐가?

볼트는 그의 배가 다시 울리자 고통스럽게 신음을 한다.

볼　트 : 이거! 좋아, 너 내 몸에 뭘 집어넣었는지 당장 말해! 독약?! 기생충?! 독약? 조금 전에 내가 말했지. 이젠 말도 제대로 안 나와. 제대로 생각할 수도 없어.

미튼스 : (눈을 굴리며) 어이가 없네, 정말. 배가 고픈 거야.

그는 가죽끈을 움켜 쥐고 바닥으로 미튼스를 확 잡아당긴다.

볼　트 : 해독제는 어디 있는 거야?

미튼스 : 알았어! 알았다고! 좋아.

외부. 풀로 덮힌 언덕 위

볼트와 미튼스는 언덕 꼭대기에 올라 아래 공터를 내려다 본다.

미튼스 : 저기 바로 해독제가 있어. 음식…

- **growl**
  으르렁거리다, 울리다
- **implant**
  꽂아 넣다, 심다, 이식하다
  to put something (usually something artificial) into a part of the body for medical purposes, usually by means of an operation
- **parasite**
  기생충
  a small animal or plant that lives on or inside another animal or plant and gets its food from it
- **discombobulate**
  당황하게 하다, 혼란시키다
- **antidote**
  해독제
  a substance that controls the effects of a poison or disease
- **crest**
  꼭대기에 이르다
- **clearing**
  (삼림의) 개척지, 빈터

Zoom In

▪ No more problems!

직역해서 "더 이상 문제 없어!"로 We have no more problems. / There are no more problems. / We don't have any more problems.들이 줄어든 표현이다. 물론 구어체에서 흔히 쓰이는 No problem.(문제 없어. 괜찮아.)와는 구별된다.

▪ I can't think straight.

"정연하게 생각할 수가 없어."의 뜻으로 헷갈린다는 말이다. think straight는 '정연하게 생각하다, 조리 있게 생각하다'의 뜻이다.

· straight thinking 조리가 선 사고 방식

EXT. R.V. PARK

It's packed with families -- barbecuing, playing catch.

DAD : Alright, who wants burgers?

BOY : I'll take one.

GIRL : Yeah, me too.

MITTENS : Go on, use the dog-face. This is gonna be beautiful.

Bolt stares at her blankly.

MITTENS : You know, beg.

He is unchanged.

MITTENS : Do the dog face!

BOLT : What is... the "dog-face?" What does that mean?

MITTENS : (exhale) Figures. I'm tied to the one dog on Earth who doesn't know how to beg. Okay, if you want the foo- (catches herself) uh- "the antidote", you're gonna have to do exactly what I say.

BOLT : Pssh... No, not likely. You're a degenerate creature of darkness.

MITTENS : Yeah, yeah, granted. But that said, all I'm asking you to do is just tilt your head a little. You can do that, can't ya? C'mon.

외부. RV 공원
거기에는 여러 가족들이 붐빈다 – 바비큐도 하고 공놀이도 하면서.

아 빠 : (목소리) 그래, 누가 버거 먹을래?
소 년 : (목소리) 제가 먹을래요.
소 녀 : (목소리) 네, 저도요.
미튼스 : 내려가서 개 표정을 지어봐. 이거 재미 있겠는데.

볼트는 멍하니 그녀를 응시한다.

미튼스 : 알잖아, 구걸 하란 말야.

그는 변하지 않는다.

미튼스 : 개 표정을 지으라고!
볼 트 : 저기… 개 표정이 어떤 건데? 어떻게 하는 거냐고?
미튼스 : (숨을 내쉰다) 생각한 대로군 이렇게 구걸하는 법도 모르는 개랑 같이 묶여 있다니. 좋아, 네가 먹을 음식— (말하려다 자제한다) 어 – "해독제"를 원한다면 이제부터 내가 시키는 대로 따라 해야 해.
볼 트 : 싫어… 그렇게는 못해. 너 같이 타락한 어둠의 동물 말을 내가 왜 듣냐?
미튼스 : 그래, 그래 맞아. 내 말은 고개를 약간 이렇게 숙여 보란 것뿐이야. 그 정도는 할 수 있잖아? 해 봐.

▫ **R.V.**
레크리에이션용 차량
recreational vehicle

▫ **figure**
상상하다, 마음에 그리다, 생각하다, (윤곽이 뚜렷한) 꼴, 모습, 형상
to think or decide that something will happen or is true

▫ **degenerate**
타락한, 변질한
having moral standards that have fallen to a level that is very low and unacceptable to most people

▫ **tilt**
기울이다, 비스듬하게 하다, 숙이다
to move, or make something move, into a position with one side or end higher than the other

Zoom In

▪ playing catch

'캐치볼을 하면서'의 분사구문이다. play catch는 have a catch와 같이 '캐치볼을 하다'의 뜻이다.

· I always play catch with my new friend whenever I see her. 그녀를 볼 때마다 나는 새로운 친구와 늘 캐치볼을 한다

▪ Figures.

물론 앞에 it나 that이 생략된 표현이다. 구어체에서 매우 잘 쓰이는 관용 표현으로 That figures. It figures.는 '그건 당연하다. 생각한 대로야. 그럴 줄 알았어(It's reasonable. That makes sense.)'의 뜻이다.

He does so, reluctantly. She judges.

MITTENS : More. More.

BOLT : This is stupid.

MITTENS : No no no no no. Come on, work with me on this, please. You're almost there.

BOLT : Oh boy.

He follows her direction...

MITTENS : Okay. Try it the other way. There you go! Tilt up. Hmm. Down. Now, a little smile. Nah, lose the smile. Drop your left ear. Your other left. Okay, the other way was better. Now drop 'em both. Hold it right there... And. And ever so slightly... look up.

Bolt looks adorably helpless.

MITTENS : Soup is on, baby!

INT. AN R.V. - MOMENTS LATER

An elderly couple eat dinner. They hear WHIMPERING, and open the door to find Bolt, giving his puppy-dog eyes. Hidden from view, Mittens coaches, signaling for the head tilt.

COUPLE : Awwww! Here you go!

They put out a plate of food. Mittens pumps her fist.

그는 마지 못해서 그렇게 한다. 그녀가 판단을 한다.

미튼스 : 좀 더. 좀 더.

볼 트 : 너무 바보 같아.

미튼스 : 아냐 아냐 아니라고. 제발, 시키는 대로 해봐. 거의 다 됐어.

볼 트 : 맙소사.

그는 그녀의 지시를 따른다.

미튼스 : 좋아. 이번엔 반대 방향으로 해봐. 좋았어! 들어봐. 음. 내려. 이제 살짝 웃어봐. 아니, 그건 됐고. 왼쪽 귀를 내려봐. 오른쪽 귀를 내려. 이제 둘 다 내려봐. 그대로 있어… 바로 그거야. 그리고 시선은 약간 위를 봐.

볼트는 애처롭게 무력해 보인다.

미튼스 : 스프는 확보됐고!

내부. RV – 잠시 후
나이든 부부가 저녁 식사를 한다. 그들은 개가 낑낑거리는 소리를 듣고는 문을 열자 볼트가 강아지 눈을 하고 있는 것을 발견한다. 보이지 않은 곳에 숨은 채로 미튼스가 머리를 기울이라고 신호를 하며 코치를 한다.

부 부 : 오! 자 이거 먹으렴!

그들은 한 접시의 음식을 내 놓는다. 미튼스는 자기 주먹을 들어올린다.

- **reluctantly**
  마지 못해서, 달갑지 않아, 마음이 내키지 않아
- **slightly**
  약간, 조금, 가볍게
- **adorably**
  귀엽게, 홀딱 반할만큼
- **helpless**
  어찌할 수 없는, 무력한, 주체 못하는
  unable to take care of yourself or do things without the help of other people

Zoom In

▪ Nah, lose the smile.

"아니, 살짝 웃어봐."의 의미이며 lose가 동사로 쓰일 경우에 '잃어버리다, 분실하다, 포기하다'의 뜻이 된다.

· Always try to lose your smile.
항상 미소를 짓도록 해라.

▪ Hold it right there.

"거기서 잠깐, 잠깐 그대로 있어." 등의 뜻으로 특히 사진을 찍을 때 자주 이 표현을 쓴다. 원래 Hold it!하면 '움직이지 마! 가만 있어! 잠깐 기다려!'의 뜻이다.

· Hold it, hold it, hold it right there!
잠깐, 움직이지 마, 그대로 있어!

MITTENS : Yes!

The couple gone, Mittens runs over. She and Bolt share the plate.
Bolt suckers every R.V. in the park with various cuteness as Mittens' plate gets higher. He rolls over, plays dead, stands on his head. Every one gets an "Awwww!" Mittens decides to give it a try, but elicits a "Beat it, stupid cat!"
The day is summed up by a long shot of the park and we hear it erupt in a chorus of "Awwwws."

미튼스 : 좋았어!

부부가 사라지자 미튼스가 달려간다. 그녀와 볼트는 접시의 음식을 같이 먹는다. 볼트는 다양한 예쁜 표정을 지으며 공원의 모든 레크리에이션 차량을 속이며 미튼스의 음식 접시는 더욱 높아진다. 그는 구르며 죽는 시늉도 하고 물구나무 서기도 한다. 모든 동작이 "오오!"라는 반응을 얻는다. 미튼스는 한번 해보기로 결정하지만 "꺼지지 못해, 멍청한 고양이 같으니라고!"란 소리만 이끌어낸다.
승리는 공원의 롱 숏에 의해 요약되는데 "오오!"란 합창소리 속에 그것이 분출하는 소리가 들린다.

sucker
속이다

elicit
이끌어내다, 유도해내다
to get information or a reaction from somebody, often with difficulty

erupt
분출하다, 쏟아져 나오다
to start happening, suddenly and violently; to suddenly express your feelings very strongly, especially by shouting loudly

Key Expressions

122 I guess that would make you, what, like, ah, some kinda Superdog! 네가 무슨 슈퍼 개라도 된다는 거야?

자연스러운 말 속에는 핵심 의미를 전달하는 어휘만 있는 것이 아니라, 멈칫거림(pauses), 어조사(fillers), 잦은 말바꿈(false starts) 등이 자주 쓰인다. 이런 것들은 내용과는 상관이 없는 것이므로 해석에는 반영할 필요가 없다. 위에서는 what, like, ah 등이 여기에 해당되며 um, you know, just, sort of, kind of, uh, well 등이 잘 쓰인다.

· I mean clearly, look, uh, I hope there's nobody out there who wants to have a strike, you know? 사실 파업을 원하는 사람은 아무도 없겠죠?

128 That's it! 이제 그만 해!

구어체인 이 표현은 보통 다음의 의미, 즉 '더 이상 필요 없다, 이제 다 됐다, 그래, 그거야, 그렇다, 그게 문제야, 그게 전부야' 등으로 쓰인다. That's all.의 뜻도 있다. 상황에 따라 적절한 의역이 필요한 표현이다.

· They get a direct grant of a sum of money and that's it.
그들은 많은 액수의 직접적인 보조금을 받는데 더 이상은 필요 없다.

132 Do the dog face! 개 표정을 지어봐!

do는 그 뜻이 매우 광범위하다. 그 중 '(~의 행위를)하다, (~처럼)행동하다, 흉내 내다, ~인 체하다, (~의 역을)맡아 하다'의 뜻이 있다.

· He does Ronald Reagan very well. 그는 로날드 레이건을 아주 잘 흉내 낸다.
· Jack does a Chaplin very well. 잭은 채플린 흉내를 잘 낸다.

134 There you go! 거봐, 그렇다니까!

구어체에서 There you are.나 같은 표현으로 상황에 따라 다양하게 쓰인다. 일반적으로는 '거봐, 내 말대로지, 거봐, 그렇다니까, (진상은)그런 형편이다, 어쩔 수 없다, 어서 드세요(가지세요), 이 사람아' 등의 뜻이다. 상황에 맞게 여러가지로 쓸 수 있는 유용한 표현이다.

· Let me try, there you go. 내가 한 번 해볼게, 자 어때.

134 Soup is on, baby! 여, 스프는 나오겠군!

부사인 on은 진행이나 예정을 나타내어 '예정하여, 행하여져, 출연하여, 상연하여' 등의 뜻이 있는가 하면 '(식사 등이)준비되고 있는'의 뜻도 있다.

· I have nothing on this evening. So let's get out.
오늘 저녁은 아무 예정도 없다. 그러니까 나가자.

136 Beat it, stupid cat! 꺼져, 멍청한 야옹아!

Beat it.은 속어로 '급히 물러가다, 도망치다'는 의미인데 명령형으로 쓰여서는 '꺼져라! 달려가라!(Go away at once! Get out of here! Go away! Leave!)'의 뜻이다.

· This is private land, so beat it. 여긴 사유지야, 그러니 썩 꺼져.

Movie Talk
캐릭터에 생명을 불어넣은 성우들에게 박수를!

사실 목소리만으로 애니메이션을 창조하는 것은 더 큰 상상력과 예술적인 재능이 필요하다. 더빙과 애니메이션 두 요소의 놀라운 조화를 창조해야 하기 때문이다. 액션 없이 캐릭터의 액션을 따라가면서 각 캐릭터에 알맞은 생명을 불어넣는 일은 실제 액션보다 더 어렵고 힘들다. 그런데 보통 애니메이션의 목소리 연기자에 대한 정보나 관심은 부족하며 그들의 공과에 따라 작품에 얼마나 큰 영향이 미치는지 간과하기 쉽다. 과연 이 작품의 성공에 목소리 연기자의 힘이 얼마나 크게 작용하고 있는지 생각해 본 적이 있는가?

이 영화의 힘든 과정에 참여한 배우들은 역시 명배우들로, 볼트 역에는 존 트라볼타, 페니 역에는 마일리 사이러스, 미튼스 역에는 수지 에스먼, 라이노 역에는 마크 월튼, 칼리코 박사 역에는 말콤 맥도웰, 감독 역에는 제임스 립톤, 매니저 역에는 그렉 저민 등이 더빙을 맡았다. 처음 목소리 연기에 도전한 존 트라볼타(〈토요일 밤의 열기〉〈펄프 픽션〉〈갯 쇼티〉〈페이스오프〉)는 자기 개성에 어울리는 볼트에게 매력을 느껴 "이 영화에는 따뜻한 감동이 있다. 좋아하는 동물과 헤어지게 됐을 때의 그 아픈 마음, 사랑하는 사람 곁에 있을 수 없을 때의 그 고통을 겪어본 사람이면 누구나 극 중 볼트나 페니의 심정에 공감할 수 있을 것이다. 기본적으로 이 영화는 러브스토리다. 재미 있으면서도 심금을 울린다."고 말하면서 영화에 대한 남다른 애정을 표했다. 현재 할리우드에서 가장 각광 받는 배우이자 팝가수인 마일리 사이러스는 페니의 목소리 역으로 영화에 데뷔하였으며 주제가인 <I thought I lost you>를 불러 골든 글러브에서 최우수 오리지널 노래상을 받았다. 그녀 또한 이 영화에 또 다른 활력과 흥미를 불어넣고 있다. 그녀는 자신이 맡은 캐릭터에 리얼리티와 진지함을 더했다는 평가를 받을 만하다. "내가 이 영화 출연에 기꺼이 응한 이유 중 하나는 내가 동물을 너무나도 사랑하기 때문이다. 나는 지금 다섯 마리의 개를 키우고 있는데, 만약 그중 한 마리라도 없어진다면 아마 아무 일도 못할 것이다. 극 중 페니 또한 그렇다. 일도 못하고 잠도 못 자고 식사도 제대로 못하는 그 심정을 나는 충분히 이해한다." 그녀의 말이 페니의 애절함과 사랑에 생명을 불어넣은 것이 분명하다. 사실 페니와 볼트가 등장하는 장면은 실제로 둘 사이에 어떤 교감이 흐르는 것 같은 느낌을 주는데, 그 이유를 그녀는 자신이 "페니뿐 아니라 볼트라는 캐릭터에게도 충분히 공감을 느끼면서 연기를 했기 때문"이라고 밝히고 있다. 재능 있는 스탠드업 코미디언이자 배우인 수지 에스먼(〈볼케이노〉〈펀치라인〉〈비상계엄〉)은 HBO의 인기 시리즈 〈커브 유어 엔투지아즘〉에서 제프 갈린의 입이 험한 아내 역할로 유명하다. 그녀는 "나는 늘 애니메이션의 캐릭터를 연기해보고 싶었다. 내 조카들이 좋아할 그런 캐릭터들 말이다. 나는 동물에게도 감정이 있다고 믿는다. 그런 점에서 미튼스의 목소리 연기를 할 수 있었던 것은 나에게 의미가 깊은 기회였다"고 말한다. "미튼스는 복잡한 성격을 가진 고양이다. 나는 미튼스 역할로 캐스팅되자마자 바로 이 캐릭터에게 빠져들었다. 그녀는 엣지(EDGE)가 있다. 뾰족하게 날이 서있다고나 할까? 단지 인간에게서 버림 받은 후 뉴욕이란 대도시의 뒷골목에서 살아남기 위해 냉소적으로 변한 거다. 현실 세상에 깜깜한 볼트는 미튼스의 눈에 머저리로 보일 뿐이다. 그래서 그녀는 계속 볼트를 비웃고 조롱한다." 역시 그녀다운 분석이다. 배우가 아닌 마크 월튼은 스토리맨으로 햄스터 라이노의 대사 녹음을 테스트 삼아 부탁 받고는 당황했다. 월튼은 당시를 이렇게 회상한다. "녹음 작업은 정말 재미있었고 주위의 반응도 뜨거웠다. 그러나 이는 테스트일뿐 최종 더빙은 프로페셔널 배우가 맡아야 한다고 생각하고 있었다. 그러나 1년 여의 시간이 흐른 뒤에도 결국 라이노의 더빙 작업은 다른 배우에게 넘어가지 않았고 내가 최종 더빙을 맡게 됐다." 그는 이렇게 덧붙인다. "라이노의 목소리 더빙은 내게는 꿈이 이루어진 것이나 다름없다. 애니메이션의 한 배역을 맡아 캐릭터에 생명을 불어넣고, 그 영화를 통해 관객에게 오랫동안 기억된다는 것은 정말 행복한 일이기 때문이다." 물론 100편이 넘는 영화에 출연한 칼리코 박사 역의 말콤 멕도웰(〈둠스 데이: 지구 최후의 날〉〈할로윈: 살인마의 탄생〉〈시계태엽 오렌지〉)은 자타가 공인하는 명배우로서 목소리만으로도 연기의 달인임을 과시한다. 이들은 찰떡궁합을 이루어 디즈니 최초의 자체 제작 3D 애니메이션 영화를 새로운 차원으로 도약시키는데 일조를 했다.

Chapter 06

Welcome Aboard,Rhino!

라이노, 한 팀이 된 거 환영한다!

볼트와 미튼스는 음식을 구걸하던 중 우연히 라이노를 만난다. 그는 TV 광으로 드라마 속의 영웅인 볼트를 자신의 우상으로 삼고 있는 햄스터다. 그는 페니 소식을 듣고 볼트와 합세하여 그녀를 구하고자 결심한다. 물론 그는 악당과 한패라 생각하는 미튼스에게는 적개심을 품는다. 하지만 결국 볼트와 미튼스는 동물 단속반에게 붙잡힌다.

EXT. RV PARK - LATER

Bolt and Mittens approach one final RV.

INT. R.V.

There is a large collection of hamster cages connected by tubes, each one inhabited by a hamster going about his day. In the background we hear the TV.
On the kitchen table a fat little hamster in a ball is rolling back and forth on the remote control looking for something to watch. This is RHINO. He finds a suitably violent action TV show and settles back with a happy giggle and a treat shoved in his mouth.
Outside a bark is heard. The OLD WOMAN heads to the door.

EXT. R.V.

An OLD LADY in Blue Blockers emerges from the R.V., having spotted that cute little dog.

OLD WOMAN : Well hello, puppy. Did you come for some of Grandma's butter-bean dumplings? Mm-mm-mm! You wait right there.

INT. R.V.

Rhino rolls to the window to see what's going on. He sees Bolt, and chokes on his treat.

EXT. R.V.

MITTENS : Look at you. You are quite the little actor, huh? I haven't eaten like this in ages. Hey, look! My stomach's distended, how great is that!

She extends her swollen stomach, LAUGHS.

BOLT : Yeah well, don't get used to it. We gotta keep moving.

외부. RV 공원 – 그 후
볼트와 미튼스가 마지막 차량에 다가간다.

내부. R.V.
튜브로 연결된 햄스터 우리들이 많이 모여 있는데 각각에는 일상적인 활동을 계속 하는 햄스터가 살고 있다. 배경에서 텔레비전 소리가 들린다.
부엌의 식탁에서는 공 안에 든 살찌고 작은 햄스터가 볼만한 것을 찾아 리모콘을 이리저리 굴리고 있다. 이것이 라이노다. 그는 적당하게 과격한 액션 드라마를 발견하고는 즐겁게 킬킬 대며 뒤로 누워 입에다 음식물을 넣는다.
밖에서 개 짖는 소리가 들린다. 나이든 여자가 문으로 간다.

외부. R.V.
파란색의 중산모자를 쓴 노파가 차량에서 나타나 그 귀여운 강아지를 본다.

노 파 : 오, 안녕, 멍멍아. 혹시 이 할머니가 만든 콩 만두 먹으러 왔니? 음 – 음! 잠깐 기다려라.

내부. R.V.
라이노는 창문으로 굴러가 무슨 일이 벌어지고 있는지를 본다. 그는 볼트를 보고는 먹던 과자로 목이 멘다.

외부. R.V.

미튼스 : 너 대단하구나. 배우 빰 치겠어. 몇 년 동안 이렇게 먹어본 건 처음이야. 이봐! 내 배가 볼록 나왔잖아. 이거 살맛 나는 걸!

그녀는 부푼 배를 내밀며 웃는다.

볼 트 : 그래, 하지만 더는 바라지 마. 우린 계속 가야 하니까.

▫ **inhabit**
~에 살다, 거주하다
to live in a particular place

▫ **treat**
초코렛을 입힌 마시멜로 과자

▫ **butter-bean**
제비콩, 리마콩
a large pale yellow bean. Butter beans are often sold dried.

▫ **dumpling**
고기만두, 과일푸딩
a small ball of dough (= a mixture of flour, fat and water) that is cooked and served with meat dishes

▫ **distended**
팽창한, 넓어진
to swell or make something swell because of pressure from inside

Zoom In

▪ Yeah well, don't get used to it.

"그래 하지만 그것에 익숙하면 안 돼."의 뜻으로 get(become) used to는 '~에 익숙하다, 익숙해지다'의 뜻이다. get(become) accustomed to와 같은 표현이며 to 다음에는 명사나 대명사가 온다.

▪ We gotta keep moving.

이 표현은 We have to keep moving. We've got to keep moving. We got to keep moving.과 같은 표현이다. <keep + ~ing>는 동작이나 상태의 계속을 나타내어 '계속 ~하다'의 뜻으로 keep moving은 keep going과 같다.

MITTENS : But this place is a gold mine! What's wrong with you? Every week new RVs bring us new suckers who bring us new food. Look around, it's perfect!

CLUNK!
They turn to see Rhino's ball roll across the picnic table, his eyes wide. He's manic, unable to contain himself...

RHINO : (gasp!) Do my eyes deceive me? Is this some apparition I see before me? Or could it be my hero! Oh my gosh! Oh my gosh! Oh my gosh! You're Bolt the Superdog! You're fully awesome!

MITTENS : Wait a minute. You know this dog?

RHINO : Oh I do! He is fully awesome!

MITTENS : Uh yeah yeah yeah, we've established that. Who are you?

RHINO : I'm Rhino.

MITTENS : Rhino, the hamster.

RHINO : Well, you know, my ancestry isn't all hamster. I'm one sixteenth wolf with a little wolverine in there somewhere. But that's beside the point. We have before us a legend. Bolt the Superdog! He can out-run speeding missiles. And burn through solid metal with his heat vision. Ooh oh! And, best of all, he can obliterate large structures with his Superbark!

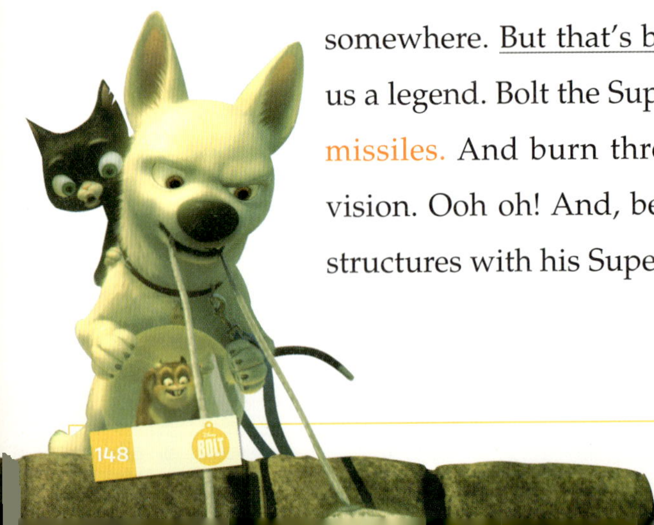

미튼스 :	하지만 여긴 먹거리 천국이야! 뭐가 문제야? 매주 새로운 차량들이 멍청한 사람들을 싣고 와서 새로운 음식을 먹게 해줄 텐데. 주위를 좀 둘러봐, 완벽하잖아!

꽝!
그들이 돌아서자 라이노의 공이 피크닉 테이블을 가로질러 굴러가는 것이 보인다. 라이노의 눈이 커다래진다. 그는 흥분한 나머지 자제할 수가 없다.

라이노 :	(헐떡인다!) 아, 이게 꿈이야 생시야? 내가 지금 허깨비를 보고 있는 건 아니겠지? 그렇다면 저건 나의 영웅! 세상에! 세상에! 이럴 수가! 너 슈퍼개 볼트 맞지! 넌 정말 짱이야!
미튼스 :	잠깐만. 너 이 개 잘 아니?
라이노 :	알고 말고! 걘 진짜 완전 짱이거든!
미튼스 :	아 그래 그래 그래, 그건 그렇다 치고. 넌 누구냐?
라이노 :	난 라이노야.
미튼스 :	라이노, 햄스터로구나.
라이노 :	있잖아, 내 조상은 순종 햄스터가 아니야. 내 족보의 16분의 1엔 늑대의 피도 흘러. 하지만 그건 중요하지 않아. 우리 앞에 전설의 영웅이 서 있어. 슈퍼개 볼트말이야! 얘는 미사일보다 더 빠르게 달릴 수 있어. 또 투시안으로 강철 같은 것도 녹여 버려. 오 오! 그리고 더 죽이는 건 슈퍼 목청으로 큰 물체도 다 날려버릴 수 있다고!

- **sucker**
  속기 쉬운 사람
- **clunk**
  꽝하는 소리
  a dull sound made by two heavy objects hitting each other
- **manic**
  흥분한, 열광적인
  full of activity, excitement and anxiety; behaving in a busy, excited, anxious way
- **apparition**
  유령, 망령, 환영
  a ghost or an image of a person who is dead
- **wolverine**
  울버린(북미산 족제빗과)
- **obliterate**
  말소하다, 제거하다, 지우다
  to remove all signs of something, either by destroying or covering it completely

Zoom In

▪ We've established that.

직역하면 "우리는 그것을 입증했다."로 '그건 그렇다 치고'의 뜻이다. establish는 '(사실 등을) 확증(입증)하다, 정하다'의 뜻이다.

· Now that we've established that, let's take a look at the map. 이제 그건 일단락 됐으니 지도나 한 번 봅시다.

▪ He can out-run speeding missiles.

outrun은 '~를 달려서 이기다(앞서다), ~보다 더 빨리 달리다'의 뜻이다. 이처럼 접두어인 out은 동사, 분사, 동명사 앞에 붙어 '~이상으로, ~을 초과하여, ~보다 나아'의 의미가 된다.

MITTENS : Wait a minute. You've seen the Superbark?

BOLT : Have you been observing me?

RHINO : Oh yeah. I watch you all the time.

BOLT : That's incredible.

RHINO : Oh it's nothing really.

BOLT : But I'm always so vigilant. No one can evade my detection. You're a phantom.

RHINO : Uh... if you say so. Oh hey, check it out! Wah-zoo!

Rhino spins to reveal a birthmark that looks nothing like a lightning bolt.

RHINO : Take a gander at this bolt action. Scary, huh? It's like we're twins...

MITTENS : (deadpan) Yeah... scary

RHINO : So, where's Penny?

BOLT : She was kidnapped by the Green-Eyed Man.

Rhino is shocked, spinning in circles...

RHINO : Kidnapped? This is terrible! She could be in grave--

Bolt stops the spinning ball.

BOLT : Grave danger, I know. But I've captured this cat.

미튼스 :	잠깐만. 너 슈퍼 멍멍 하는 거 봤냐?
볼 트 :	그럼 날 쭉 지켜 봤단 말이야?
라이노 :	그럼. 늘 널 지켜보고 있어.
볼 트 :	정말 신기하네.
라이노 :	그 정도 갖고 뭘.
볼 트 :	하지만 난 늘 방심하지 않고 다니는데. 아무도 날 따라붙지 못해. 너 유령이구나.
라이노 :	어… 굳이 그러신다면. 이봐, 잘 보라고! 와 – 주!

라이노는 전혀 번갯불 같지 않아 보이는 점을 보여주기 위해 빙 돈다.

라이노 :	내 볼트 액션을 잘 보란 말이야. 무섭지, 허? 우린 쌍둥이 같아…
미튼스 :	(무표정하게) 그래, 겁나는데.
라이노 :	그런데, 페니는 어디 있는 거야?
볼 트 :	녹색 눈 인간한테 납치당했어.

라이노는 놀라서 원을 그리며 빙 돈다.

라이노 :	납치 당해? 이거 정말 큰 일 났네! 그럼 지금 페니가 큰 위험…

볼트가 돌고 있는 공을 멈춘다.

볼 트 :	큰 위험에 빠졌지. 나도 알아. 하지만 이 고양이를 잡았어.

▫ **vigilant**
경계하고 있는, 방심하지 않고 지키는
very careful to notice any signs of danger or trouble

▫ **phantom**
유령, 도깨비, 환영
a ghost; a thing that exists only in your imagination

▫ **birthmark**
몸에 있는 모반, 점

▫ **deadpan**
무표정한, 무표정하게
without any expression or emotion; often pretending to be serious when you are joking

Zoom In

▪ Oh it's nothing really.

원래 It's nothing.하면 "별 거 아냐, 심각한 일 아냐, 의미 있는 일 아니야." 등의 뜻이지만 상황에 따라 해석에 주의해야 한다. 예를 들어 상대방이 고맙다고 인사할 경우에 '천만에요.'라는 말로도 사용된다.

▪ Take a gander at this bolt action.

gander는 속어로 '한번 흘끗 봄'의 뜻이다. have[take] a gander (at something)으로 잘 쓰이며 to look at something과 같다.

· Come and take a look at this door!
와서 이 문 한 번 봐!

Rhino glares at Mittens.

RHINO : An agent of the Green-Eyed Man I presume?

BOLT : Oh, you presume correctly. She's taking me to Penny.

RHINO : (seething at Mittens) You... you are vile vermin! How do you sleep at night? Penny's the most wonderful person ever. And she loves Bolt. And he's awesome. And you're a monster! How dare you disrupt their relationship with your evil?! Die!! Die!!!

Rhino launches himself at the cat. Bolt grabs him and settles him back on the table.

RHINO : (struggling to break free) I can take her, Bolty!

BOLT : Whoa whoa, easy. Easy, Rhino.

RHINO : Let me at 'er! Die! Die!!

BOLT : Easy. Easy, Rhino. Easy.

RHINO : (calming) You're right. We need her alive.

MITTENS : Ah..."we?"

RHINO : Yes. Bolt, I could be a valuable addition to your team.

BOLT : I'm listening.

RHINO : I'm lightning quick. I have razor sharp reflexes. And I'm a master of stealth. Plus, I'll keep the cat in check.

라이노는 미튼스를 바라본다.

라이노 : 녹색 눈 인간의 부하로군, 맞지?

볼 트 : 그래, 네 짐작이 맞았어. 이 고양이가 날 페니에게 데려가는 중이야.

라이노 : (미튼스를 보고 화가 나서 속이 끓어오르며) 넌… 천하의 악질이야! 그러고도 밤에 잠이 오니? 페니는 세상에서 가장 천사 같은 인간이란 말이야. 볼트를 얼마나 아끼는데. 볼트는 짱이야. 넌 나쁜 괴물이고! 감히 어떻게 네가 그들 둘 사이를 이렇게 망가뜨릴 수 있니?! 죽이라! 죽어!!!

라이노는 고양이를 향해 달린다. 볼트는 그를 붙잡아 테이블 위에다 앉힌다.

라이노 : (빠져 나오려고 애를 쓰며) 내가 혼내줄 거야, 볼트!

볼 트 : 와 와, 됐어. 진정해, 라이노.

라이노 : 앤 내게 맡겨! 죽어라! 죽어!

볼 트 : 진정해. 라이노. 진정하라고.

라이노 : (진정하며) 네 말이 맞아. 우린 쟤를 살려둬야 하니까.

미튼스 : 아… "우리"라고?

라이노 : 그래. 볼트, 내가 한 팀이 되면 많은 도움이 될 거야.

볼 트 : 계속 자랑해 봐.

라이노 : 난 번개처럼 빨라. 반사행동도 면도날처럼 날카로워. 그리고 숨는 데도 도사지. 게다가 고양이 감시는 내가 할 거야.

- **vile**
  비열한, 몹시 나쁜, 상스러운
- **vermin**
  사회의 해충, 악당, 인간 쓰레기
- **disrupt**
  붕괴시키다, 혼란시키다
- **reflex**
  반사행동, 재빨리 반응하여 행동하는 능력

Zoom In

▪ An agent of the Green-Eyed Man I presume?

presume은 '가정하다, 추정하다, ~라고 여기다'의 뜻인데 이처럼 I presume의 형태로 문장 끝에 잘 쓰인다. 가령 초면에 말을 건넬 때 Mr. Kim, I presume?하면 "김씨이시죠?"의 뜻이 된다.

▪ Let me at 'er!

구어체에서 at에는 '~을 공격하다, ~을 노리다'의 뜻이 있으며 종사나 종사의 대상을 나타낼 때도 있다. 따라서 이 문장은 "앤 내가 맡을게, 내가 혼내줄 게."라는 뜻이다.

Bolt leans in close, the veteran testing the rookie...

BOLT : The road'll be rough.

RHINO : I have a ball.

BOLT : There's no turning back.

RHINO : Guess I'll have to roll with the punches!

BOLT : Easy won't be part of the equation.

RHINO : Promise?

BOLT : Gotta warn you, we're going into the belly of the beast. Danger at every turn.

RHINO : I eat danger for breakfast.

BOLT : You hungry?

RHINO : (cracks his neck) Starving!

BOLT : Welcome aboard!

Rhino LAUGHS gleefully. Mittens pulls Bolt aside.

MITTENS : Um, hey, can we talk for a second? I don't know what's going on here, but I'm just a little bit concerned about the number of lunatics on this trip. My limit is one.

BOLT : He's coming with us.

MITTENS : But, I--hey!

Rhino rolls into Mittens, shoving her forward.

볼트는 고참이 신병을 테스트하듯 가까이 몸을 기울인다.

볼 트 : 가는 길이 험할 텐데.

라이노 : 난 공이 있어.

볼 트 : 돌아올 수도 없어.

라이노 : 어떤 일이 닥쳐도 박력 있게 이겨낼 거야!

볼 트 : 결코 쉬운 여행이 아닐 거야.

라이노 : 약속하는 거야?

볼 트 : 경고해두지만 우린 위험한 적의 소굴로 들어가는 거야. 사방에 위험이 도사리고 있어.

라이노 : 나 위험을 아침 먹듯이 먹는다고.

볼 트 : 너 배고프냐?

라이노 : (목을 쉬게 한다) 너무 고파!

볼 트 : 한 팀이 된 거 환영한다!

라이노는 유쾌하게 웃는다. 미튼스는 볼트를 옆으로 끌고 간다.

미튼스 : 이봐, 잠깐 얘기 좀 할까? 무슨 짓을 하고 있는지 모르겠지만 이번 여행 하는데 미친 애들 마음에 걸려. 너 하나면 족하다고.

볼 트 : 걔도 같이 갈 거야.

미튼스 : 하지만, 난 - 이봐!

라이노가 미튼스에게 굴러가 그녀를 앞쪽으로 밀어낸다.

- **rookie**
  신병, 풋내기
  a person who has just started a job or an activity and has very little experience

- **punch**
  힘, 활력, 박력

- **equation**
  평형상태

- **belly**
  내부, 복부
  the part of the body below the chest

- **lunatics**
  미치광이, 괴짜, 바보
  a person who does crazy things that are often dangerous; a person who is severely mentally ill (the use of this word is now offensive)

Zoom In

▪ Danger at every turn.

물론 이 문장은 There's a danger at every turn. We have danger at every turn.과 같은 표현이다. at every turn은 '굽이(모퉁이)마다, 가는 곳마다, 항상'(in every place or at every moment, continually)을 뜻한다.

▪ Can we talk for a second?

이는 Can I talk to you for a second (moment)?의 뜻인데 이와 유사한 표현도 많다.
Do you have a second? = Can I have a few words with you?
You got a minute? = Can you spare a minute?

RHINO : Move it, prisoner. We're losing daylight!

BOLT : I agree. Now, we need to find a fast set of wheels.

RHINO : I've got a better idea. Follow me. (a little song) Ta-rah! Ta-rah ta-rah! Ta-rah!

Rhino rolls off, Bolt and Mittens following. He's confident. She's not happy.

EXT. TUNNEL - MOMENTS LATER
A white light grows nearer. A train surges right at us.
ABOVE THE TUNNEL
On an overpass, Bolt and, Rhino survey the train below. They are confident, but Mittens is tearing at the ground, having serious misgivings... Rhino laughs, gleefully.

BOLT : Okay, so what we do here is,: we give the target a quick fly-over, we adjust the trajectory, and then land dead center. Am I missing anything, Rhino?

RHINO : Just the knowledge that every minute spent in your company becomes the new greatest minute of my life.

MITTENS : No! Uh-uh! Forget it! How do you say, "no way I'm doing this," in crazy?

BOLT : Calm down, cat. You're with me.

MITTENS : That's the problem! Aaah!

Bolt walks over to a rope which ties a 'Homecoming Weekend' banner to the overpass. As he loosens the knot, out of earshot...

라이노 : 빨리 움직여, 포로. 이제 곧 해가 져!

볼 트 : 네 말이 맞아. 근데 자동차 한 대를 얻어 타야겠어.

라이노 : 더 좋은 생각이 있어. 날 따라와. (약한 노래) 타-라! 타-라 타-라! 타-라!

라이노는 굴러가고 볼트와 미튼스가 뒤를 따른다. 그는 자신만만하다. 고양이는 행복하지 않다.

외부. 터널 - 잠시 후

흰 불빛이 점점 가까워진다. 기차가 바로 앞으로 밀어닥친다.

터널 위

고가도로 위에서 볼트, 라이노가 아래의 기차를 조사한다. 볼트와 라이노는 자신만만하지만 미튼스는 심히 불만을 품고 땅바닥을 쥐어뜯고 있다. 라이노는 유쾌하게 웃는다.

볼 트 : 좋아, 이제 이렇게 하면 돼: 목표물 위로 재빨리 몸을 날려 궤도를 따라 정 중앙에 착지해야 돼. 뭐 덧붙일 말 있어, 라이노?

라이노 : 너와 함께 하는 매 순간이 내 인생 최고의 순간이란 것만 알아주기 바래.

미튼스 : 안 돼! 어 - 허! 바보 짓 마! 너흰 미쳤어. 난 절대로 못 해.

볼 트 : 진정해. 내가 있잖아.

미튼스 : 그게 문제라니까! 아-아!

볼트는 고가도로에 '귀향주말'이란 광고용 현수막을 매달고 있는 밧줄로 걸어간다. 그가 매듭을 풀어놓는데 먼 발치에서…

▫ **surge**
밀어닥치다
to move quickly and forcefully in a particular direction

▫ **misgiving**
불만, 걱정
feelings of doubt or anxiety about what might happen, or about whether or not something is the right thing to do

▫ **trajectory**
궤도, 탄도
the curved path of something that has been fired, hit or thrown into the air

▫ **banner**
(광고용) 현수막, 기

▫ **out of earshot**
불러서 들리지 않는 곳에
too far away to hear somebody/something or to be heard

Zoom In

▪ I've got a better idea.

I've got a good idea.의 비교급이다. 물론 I have a better idea. / I got a better idea. / A better idea struck me. 등으로 말할 수 있다.

· I've got a better idea, let's go Dutch.
더 좋은 생각이 있는데, 우리 각자 부담하자.

▪ Forget it!

구어체로 "(그런 건) 괜찮아, 염려하지 마, (거부하면서) 말도 안 돼."(It doesn't matter at all) 등으로 쓰인다. 물론 상황에 따라 의미가 달라질 수도 있다. 예를 들어 고맙다고 인사할 경우에 사용되면 "천만에."로 볼 수 있다.

RHINO : Oh, would you relax? Every time he did this on the magic box it was awesome! (laughs excitedly)

MITTENS : Magic what?

RHINO : You know, the magic box people stare at?

MITTENS : (processing) Wwww-wait a minute! Does this magic box have moving pictures on it?

RHINO : Yeah! And Bolt's pictures are the best!

MITTENS : (realizing) Bolt's pictures! Of course! He's from a-WHOA!

Bolt returns and hoists her onto his back.

MITTENS : Oh no no wait wait! Bolt stop! Hear me out!

Her pail helmet falls, SMASHING to bits atop the train below. Bolt gets in position. She struggles to get through to him...

RHINO : Let it begin! Let it begin! Let it begin!

MITTENS : Wait! You are not a super--!

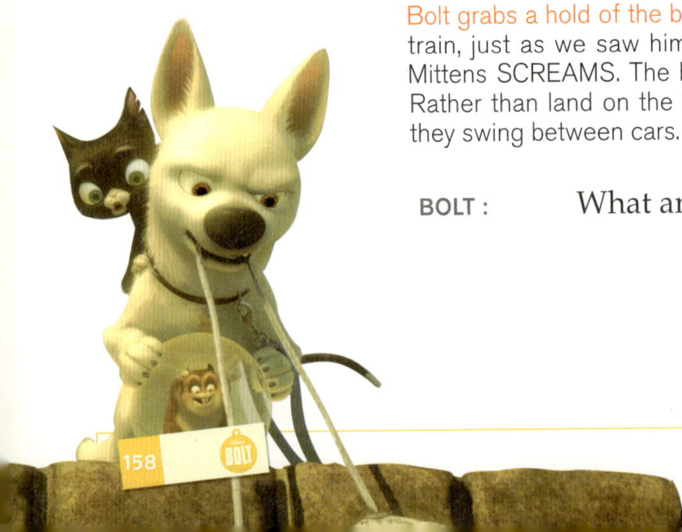

Bolt grabs a hold of the banner in his teeth and swings toward the train, just as we saw him do on the highway in the TV episode. Mittens SCREAMS. The banner's rope buckles! The banner sags. Rather than land on the train, they're heading right for it. Luckily, they swing between cars.

BOLT : What are you doing?!

라이노 :	아, 긴장 풀어. 볼트가 마술 상자 속에서 이걸 할 때마다 얼마나 폼 났는데! (흥분해서 웃는다)
미튼스 :	마술 뭐라고?
라이노 :	있잖아, 사람들이 맨날 보는 마법 상자말이야.
미튼스 :	(줄지어 가며) 잠깐! 그 마법 상자에서 움직이는 그림이 나와?
라이노 :	그럼! 볼트의 그림이 최고야!
미튼스 :	(분명히 파악하며) 볼트의 그림이라고! 맞아! 그러니까 볼트는 …우와!

볼트가 돌아와 그녀를 뒤로 들어올린다.

미튼스 :	아, 안 돼 안 돼 기다려! 볼트 기다려! 내 말 좀 들어 봐!

그녀의 원통형 헬멧이 떨어져 아래 기차 꼭대기에 부딪쳐 산산조각이 난다. 볼트는 위치를 잡는다. 그녀는 그에게 도달하려고 애를 쓴다.

라이노 :	시작하자! 빨리 하자고! 어서 뛰어 내려!
미튼스 :	잠깐! 넌 슈퍼 개가 아니란 말야!

볼트는 이빨로 광고 현수막을 꽉 물고는 기차를 향해 흔들린다. 그것은 마치 텔레비전 드라마에 나오는 고속도로에서 그가 하는 걸 본 것과 똑같다. 미튼스는 비명을 지른다. 현수막의 밧줄이 휘어진다! 현수막이 처진다. 기차 위에 착륙하기 보다는 그들은 곧 바로 떨어지는 듯하다. 운 좋게도 그들은 객차 사이에 매달린다.

볼 트 :	뭐하는 거야?

- **process** 줄지어 가다, 나아가다
- **hoist** 올리다, 끌어올리다, 감아 올리다
- **buckle** 구부러지다, 부서지다
- **sag** 처지다, 구부러지다, 느슨해지다

Zoom In

▪ Hear me out!

구어체로 "내 말 끝까지 들어!"란 뜻이다. hear out은 '(이야기 등을) 끝까지 듣다, ~의 말을 알아듣다'의 뜻이다.

· Don't interrupt, just hear me out.
말 막지 마, 끝까지 내 말 들어.

▪ Bolt grabs a hold of the banner in his teeth.

grab hold of는 '~을 갑자기 움켜잡다'는 뜻의 관용구다. catch hold of, get hold of, take hold of도 쓴다.

· Quick grab a hold of that rope.
빨리, 저 밧줄을 움켜잡아.

Bolt lets go of the banner, sending them flying in the air. They land atop the train, tumbling. Rhino rolls along, having a great time. Bolt comes to a stop, but the lighter Mittens is thrown all the way to the back of the train. She's about to fall off when she manages to grab onto the train's rear ladder.
Bolt struggles to his feet. He sees her, shivering, hanging on for dear life. He runs to her...

BOLT : Mittens! Mittens, take my paw! I need you alive!

MITTENS : You're crazy! Stay away from me!

BOLT : Take my paw. I'll save you!

MITTENS : No you won't! You're not really a...

They're now suspended just inches above the ground. Mittens races along the ladder to the back of the train car. But Bolt doesn't move... his collar is stuck!

RHINO : Bolt!

Rhino sees Mittens with her paws on the screw. It looks like she's unscrewing it.

RHINO : Saboteur!

He rolls down and attacks, trying to knock her off the screw.

MITTENS : Ouch! You moron! Stop it! I'm trying to help him!

RHINO : Help him? Yeah right!

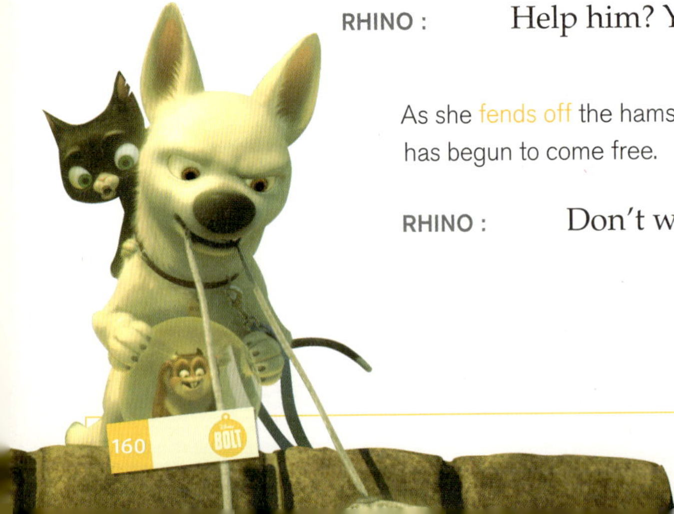

As she fends off the hamster, Mittens notices THE OTHER SCREW has begun to come free.

RHINO : Don't worry, Bolt! I'll stop her!

볼트는 현수막을 놓으면서 그들을 공중으로 날려 보낸다. 그들은 기차 위에 내려 뒹군다. 라이노는 아주 멋지게 굴러간다. 볼트는 멈추는데 더 가벼운 미튼스는 기차 후미까지 내던져 진다. 그녀가 막 떨어지려 할 때 기차의 뒤 사다리를 간신히 붙잡는다. 볼트는 애써서 일어선다. 그는 그녀가 떨면서 죽을 힘을 다해 매달려 있는 것을 본다. 그는 그녀에게 달려 가는데…

볼 트 : 미튼스! 미튼스, 내 손 잡아! 죽으면 안 돼!

미튼스 : 넌 미쳤어! 가까이 오지 마!

볼 트 : 내 손 잡아. 내가 구해줄게!

미튼스 : 아냐 넌 못해! 넌 진짜 영웅이 아니…

그들은 이제 땅에서 몇 인치 안 되는 곳에 매달려 있다. 미튼스는 객차의 뒤쪽으로 사다리를 따라 달린다. 하지만 볼트는 움직이지 않는다… 그의 목줄이 걸린 것이다.

라이노 : 볼트!

미튼스가 자기 발로 나사못을 잡고 있는 것을 본다. 그건 마치 그녀가 나사를 돌려 빼려는 것 같다.

라이노 : 비열한 짓!

그는 굴러 내려가 공격하며, 그녀를 쳐서 나사못에서 떼어내려고 애를 쓴다.

미튼스 : 아얏! 멍청이! 그만 해! 그를 도우려는 거야!

라이노 : 돕는다고? 그러셔!

그녀가 햄스터를 피하면서 미튼스는 다른 나사못이 풀리기 시작하는 것을 목격한다.

라이노 : 걱정 마, 볼트! 내가 막아줄게!

- **shiver**
  떨다, 추위(무서움)로 떨다
- **suspend**
  매달다, 걸다, 떠 있게 하다
- **saboteur**
  파괴(방해) 활동자, 비열한 짓
- **moron**
  멍청이, 바보, 저능아
- **fend off**
  다가서지 못하게 하다

Zoom In

▪ Bolt lets go of the banner.

let go of는 '(쥐었던 것을) 놓다, 눈 감아 주다, 묵과하다, 해고하다'의 뜻이다. let go 만으로도 '해방하다, 놓아주다'(release)의 뜻이 된다.

· Let go of the door handle, please.
제발, 문 손잡이를 놔 주세요.

▪ for dear life

이 관용어는 '죽을 힘을 다하여, 죽살이치고'(desperately or urgently)의 뜻이다. 물론 dear는 '소중한, 간절한, 경애하는'의 뜻이다.

· I ran for dear life when I saw the tiger.
호랑이를 보자 난 죽을 힘을 다해 달렸다.

Mittens leaps to the other screw. Rhino nearly tumbles off the train.
Mittens struggles to hold the screw. Bolt can't get his collar free. The first screw pops out.
The train hits a bend, swinging the ladder out to the side of the train. A POST grows nearer -- Bolt will be smashed.
He struggles with the collar. Pulling. Harder. Mittens puts all her weight on that last screw.

MITTENS : I can't hold it! Bolt!

Rhino only makes matters worse, attacking Mittens again.

RHINO : Let go, you monster!

Inches from the post... Bolt BREAKS FREE, flying into Mittens and Rhino.
The three of them TUMBLE OFF THE TRAIN, bouncing down a steep hillside.

EXT. SMALL TOWN - MOMENTS LATER

Bolt lies on his back against, up against a tree. Painfully, he gets to his feet.

BOLT : Oh. Owe ow! Oh oh.

MITTENS : The real world hurts, doesn't it. But you wouldn't know about that, would you?

Bolt looks up. Mittens is in a tree, with the leash tied off around a branch. She is safe and secure out of his reach.

BOLT : Get down here, cat. We don't have time for this.

RHINO : I'll get a ladder.

He rolls away.

미튼스는 다른 나사못으로 튀어간다. 라이노는 거의 기차에서 굴러 떨어질 뻔 한다. 미튼스는 그 나사못을 잡으려고 애를 쓴다. 볼트는 자기 목덜미를 자유롭게 할 수가 없다. 첫 번째 나사못이 튀어나온다. 기차가 커브에 이르자 사다리는 기차 옆으로 나가 흔들거린다. 기둥이 점점 다가온다 – 볼트는 산산조각이 날 것이다.
그는 목줄과 사투를 벌인다. 당긴다. 더 세게. 미튼스는 자신의 모든 몸무게를 그 마지막 나사못 위에 놓는다.

미튼스 : 못 버티겠어! 볼트!

라이노는 다시 미튼스를 공격하면서 사태를 더 나쁘게 만들 뿐이다.

라이노 : 놔, 이 괴물아!

기둥에서 몇 인치 차이로 볼트는 도망쳐 미튼스와 라이노에게 날아든다.
그들 셋은 기차에서 굴러 떨어져 가파른 구릉의 중턱 아래로 나뒹군다.

외부. 작은 마을 – 잠시 후
볼트는 나무에 기대고 누워 있다. 고통스럽게 그는 일어난다.

볼 트 : 오, 아우! 오 오.

미튼스 : 세상이 이렇게 매운 줄 몰랐을 거다. 하기야 딴 세상에서만 살았으니 알 리가 없지.

볼트가 쳐다본다. 미튼스는 가죽끈이 나뭇가지 주위에 묶인 채 나무 위에 있다. 그녀는 무사하며 그의 힘이 미치지 않는 안전한 곳에서 있다.

볼 트 : 이리 내려와. 노닥거릴 시간 없어.

라이노 : 사다리 가져올게.

그가 굴러간다.

- **bend**
  커브, 굴곡부
  a curve or turn, especially in a road or river
- **break free**
  도망치다
- **steep**
  가파른, 경사가 진
  (of a slope, hill, etc.) rising or falling quickly, not gradually
- **secure**
  안전한, 위험 없는
  feeling happy and confident about yourself or a particular situation

Zoom In

▪ Rhino only makes matters worse.

원래는 독립부정사구문인 to make matters worse(설상가상으로, 공교롭게도)의 관용구로 잘 쓰이는 표현이지만 여기서는 글자 그대로 '상황을 더욱 나쁘게 만들다'로 해석하면 된다.

▪ The real world hurts.

hurt는 자동사로 쓰여 '(육체적, 정신적) 고통을 주다, 아프다, 감정을 상하게 하다'의 뜻이다. 따라서 위 문장은 "실제 세상은 고통을 준다."는 뜻이 된다.

· Have another drink – one more won't hurt.
한 잔 더해 – 한 잔 더는 괜찮을 거야.

MITTENS : Look, genius, you're part of a TV show. You know what that is? Television? It's entertainment for people. It's fake! Nothing you think is real is real.

BOLT : That's preposterous!

MITTENS : Think about it, Bolt. Since you got lost, none of your powers are working, are they? For the first time, you're hungry, you're bleeding... I—I mean, do you really think that you were born with a birthmark in the exact shape of a lightning bolt?

BOLT : It's my mark of power, cat.

MITTENS : It's the mark of a make-up artist, dog.

BOLT : You're ridiculous. Now get down here.

Mittens tightens the knot around the branch

MITTENS : (defiantly) No.

BOLT : Mittens, so help me, I will Superbark you out of that tree!

MITTENS : Go nuts. Let's see how that works out for you.

BOLT : You leave me no choice!

He steels himself, and lets loose with the Superbark. Nothing happens.

MITTENS : (sarcastic) Oh the Superbark, scary, scary, yeah that's really... really super.

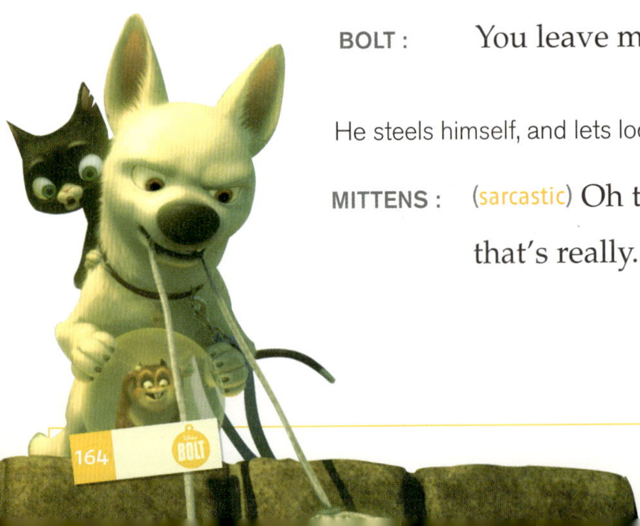

미튼스 : 이봐, 잘난 개, 넌 TV 드라마의 일부일 뿐이야. 그게 뭔지나 아나? 텔레비전? 그건 사람들의 오락거리야. 다 가짜지! 네가 생각한 게 모두가 다 가짜란 말이야.

볼 트 : 말도 안 되는 소리 말아!

미튼스 : 잘 생각해 봐, 볼트. 네가 길을 잃은 다음 네 초능력은 하나도 안 먹혔잖아? 생전 처음 배도 고팠고, 피도 흘렸어. 게다가 세상에 태어날 때부터 몸에다가 번개 모양 마크를 새기고 태어났다는 게 말이나 돼?

볼 트 : 이건 내 초능력의 상징이야, 야옹아.

미튼스 : 그건 분장사가 그린 마크야. 멍멍아.

볼 트 : 헛소리 말고 어서 이리 내려 와.

미튼스는 가지 주위의 매듭을 단단하게 한다.

미튼스 : (도전적으로) 싫어.

볼 트 : 미튼스, 내 말 좀 들어. 안 그러면 슈퍼 목청으로 그 나무에서 널 떨어뜨릴 거야!

미튼스 : 미쳤군. 그래 얼마나 잘 짖는지 한번 보자고.

볼 트 : 어쩔 수 없군!

그는 냉혹하게 마음을 먹고 슈퍼 목청을 부르짖는다. 아무것도 일어나지 않는다.

미튼스 : (빈정대며) 아 슈퍼 목청, 무서워, 무서워 죽겠어. 그래 그게 진짜 슈퍼 목청이네.

▫ **fake**
가짜, 위조품, 모조품
a person who pretends to be what they are not in order to deceive people

▫ **preposterous**
터무니 없는, 도리에 맞지 않는
completely unreasonable, especially in a way that is shocking or annoying

▫ **defiantly**
도전적으로, 반항적으로

▫ **sarcastic**
빈정대는 비꼬는 냉소적인
showing or expressing sarcasm

Zoom In

▪ None of your powers are working.

자동사로 쓰이는 work은 '(계획 등이) 잘 되어가다, (약 등이) 듣다, 도움이 되다, (기관, 기계 등이 작동하다, 움직이다'(to operate in the proper way) 등 매우 다양하다.

· Does this light work? 이 불 들어 오나?

▪ Go nuts.

nuts는 속어로 '미친, 바보의, 열중하여'의 뜻이다. Are you nuts?(너 미쳤니?) / He is nuts about her.(그는 그녀에게 미쳐있다) 처럼 mad와 같은 의미이다. go nuts 역시 속어 표현으로 '미치다, 노발대발하다'(go mad)의 뜻이다.

BOLT : It's not true. It's just not true.

Bolt steadies himself and barks again. Still nothing. He continues to bark with all his might but Mittens remains unmoved.

MITTENS : (deadpan) Wow. That one felt really super. Wait, no it didn't.

Bolt barks with abandon.

MITTENS : Okay, okay, I get the idea. You can stop now.

Bolt is not listening. He continues to bark wildly.

MITTENS : That's enough! (he's still barking) Seriously, dog! Stop! I'm not kidding. Would you stop?! (gasp!)

Mittens senses danger as a truck comes to a stop in front of them.
Bolt is too focused to notice. He continues to bark.

MITTENS : Okay, fine, you're a Superdog! Bolt, be quiet. Please.

BOLT : (BARK!)

MITTENS : Bolt... we gotta run!

BOLT : (BARK!)

Suddenly Bolt is grabbed from behind.

MITTENS : BOLT!!

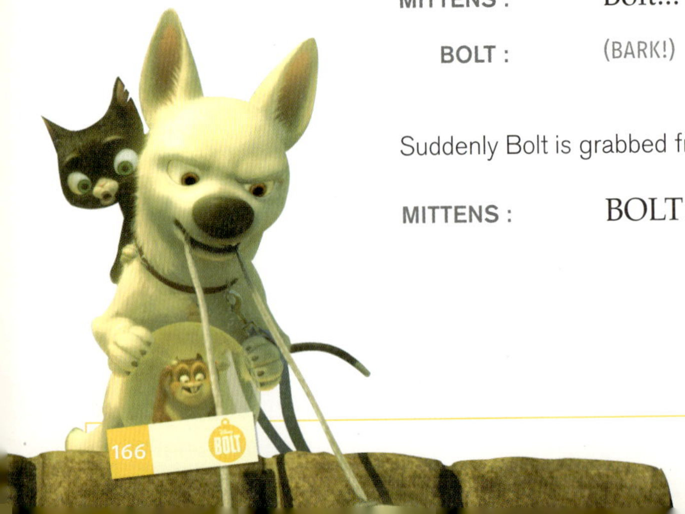

볼 트 : 사실이 아니야. 사실이 아니라고.

볼트는 진정하고 다시 짖는다. 여전히 아무 일도 일어나지 않는다. 그는 전력을 다해서 계속 짖어대지만 미튼스는 꿈쩍하지 않고 있다.

미튼스 : (무표정하게) 와. 그거 정말 슈퍼 파워가 팍팍 느껴지는 걸. 잠깐, 그거 별 거 아니네.

볼트는 멋대로 짖는다.

미튼스 : 알았어, 알았어, 좋은 생각이 있어. 이제 그만 해.

볼트는 듣고 있지 않다. 그는 계속 거칠게 짖는다.

미튼스 : 그만하면 됐어! (그는 여전히 짖고 있다) 부탁이다, 멍멍아! 그만 좀 해! 농담 아냐. 그만 좀 하라고. (헐떡인다)

미튼스는 그들 앞에 트럭 한 대가 다가와 서자 위험을 감지한다.
볼트는 너무 열중해서 알아채지 못하고 계속 짖어댄다.

미튼스 : 알았어, 좋아, 네가 슈퍼 개야! 볼트, 조용히 해. 제발.

볼 트 : (짖는다!)

미튼스 : 볼트… 튀어야 해!

볼 트 : (짖는다!)

갑자기 볼트가 뒤에서 포획된다.

미튼스 : 볼트!!

steady
확고하게 하다, 고정시키다
to stop yourself/somebody/something from moving, shaking or falling; to stop moving, shaking or falling

with abandon
멋대로, 마음껏, 흥에 겨워

abandon
자유분방, 방종, 자포자기
an uncontrolled way of behaving that shows that somebody does not care what other people think

focused
(주의, 관심 등을) 집중한
with your attention directed to what you want to do; with very clear aims

Zoom In

▪ with all his might

might는 명사로 쓰여 '힘, 세력, 권력, 우세' 등의 뜻이다. 따라서 위 표현은 '전력을 다하여, 힘껏'의 의미가 된다.

· He pushed and pushed with all his might but it wouldn't move. 그는 전력을 다해서 밀고 또 밀었지만 그것은 꿈쩍하지 않았다.

▪ Seriously, dog!

"농담 아냐, 멍멍아!"의 뜻이다. Seriously가 이처럼 단독으로 쓰여서 '진지한 이야기야! 농담 아냐!'의 뜻으로 I'm serious! / I'm not kidding!(미튼스가 바로 뒤에서 강조하여 재차 말한다)과 같은 표현이다.

DOG CATCHER : (to Mittens) Come here!

Bolt and Mittens are thrown into the truck. The doors slam closed leaving them in darkness.

MITTENS : (gasping, panicking) Okay, okay.

Rhino arrives just in time to be too late.

개 잡는 사람 : (미튼스에게) **이리와!**

볼트와 미튼스는 트럭 속에 던져 진다. 문이 쾅 닫히고 그들은 어둠 속에 남는다.

미튼스 : (헐떡이며 공포에 질린다) **좋아, 좋아.**

라이노가 때마침 도착하지만 이미 늦었다.

▫ **panicking**
허둥대며, 공포에 질리며
suddenly feeling frightened so that you cannot think clearly and you say or do something stupid, dangerous, etc.

Key Expressions

148 Oh my gosh! Oh my gosh! Oh my gosh! 세상에! 세상에! 세상에나!

Gosh!는 God의 완곡어로 감탄사이며 "(놀람, 기쁨, 맹세의 표현으로) 이크! 이런! 어머나! 아이고! 꼭!" 등의 뜻으로 쓰인다. Oh my gosh!도 같은 표현이다.

· Thirteen pounds! Gosh that's a lot. 30 파운드라고! 이런 꽤나 많군.

· Oh my gosh!, you scared me! I didn't see you standing there.
세상에나, 놀랐잖아! 네가 거기 서 있는 거 못봤어.

148 But that's beside the point. 그건 요점에서 벗어난 이야기야.

be beside the point는 '요점에서 벗어나 있다, 주제와 관련이 없다'는 뜻의 관용구이다.

· The fact that he is your brother is beside the point.
그가 네 형이라는 사실은 문제가 아냐.

· I can't think of anything that he and I agree on, but that's beside the point. 그와 내가 일치하는 어떤 것도 생각할 수 없지만 그건 중요하지 않아.

150 It's like we're twins. 우린 정말 쌍둥이 같아.

like는 구어체에서 접속사로 쓰여 '~ 하듯이, 같이, 마치, 흡사, ~라는 느낌으로' 등의 뜻이다.

· He was like, "No way am I going to do that."
그는 "그런 일을 절대 안 하겠다."는 듯이 말했다.

· Why don't you play with the other children, like you used to?
왜 늘 했던 것처럼, 다른 애들하고 놀지 않는 거야?

152 How dare you disrupt their relationship with your evil? 어떻게 네가 악독하게 그들 사이를 갈라놓을 수 있냐?

dare는 조동사로서 부정문과 의문문에 쓰이며 '감히 ~ 하다, 뱃심 좋게(건방지게도) ~하다'의 뜻이다. Don't you dare!(= Just you dare!)는 구어체로 "당치도 않다!"의 뜻이다.

- How dare you say such a thing? 네가 감히 어찌 그런 말을 할 수 있나?
- How dare you! 네가 감히! (농담을 할 때 자주 쓴다)

154 There's no turning back. 돌아올 수 없어.

There is no ~ ing는 It is impossible to ~와 같아서 '~ 할 수 없다'의 뜻이다.

- If war breaks out, there's no knowing how many people will be killed.
  만약 전쟁이 일어난다면 얼마나 많은 사람들이 죽을지 알 수가 없다.
- There's no telling how much damage has been done to young people by these drugs. 이 약이 젊은이들에게 얼마나 많은 피해를 입혔는지 알 수가 없다.

154 Welcome aboard! 한 팀이 된 거 환영한다!

aboard는 '새로 가입해서, 신입으로, 참가해서, 승선하여, 승차해서' 등의 뜻으로 Welcome aboard.는 원래 기장, 선장 등이 승객에게 하는 환영인사이지만 '입사를 환영한다.'(nice to have you with us)는 뜻으로도 잘 쓰인다. It's nice to have you with us.(함께 근무하게 되어 기쁩니다.)라고도 할 수 있다.

- Welcome aboard Korean Air.
  대한항공에 탑승하신 것을 환영합니다

Chapter 07

They Need a Hero, Bolt!

사람들은 영웅이 필요해, 볼트!

볼트를 찾기 위해 여념이 없는 페니에게 볼트를 닮은 다른 개를 데려다 주지만 만족할 페니가 아니다. 한편 탈출을 시도하려는 볼트에게 미튼스는 그가 초능력이 없음을 알려준다. 볼트는 실망하지만 라이노의 도움으로 차량에서 탈출한다. 그는 볼트에게 용기를 주며 영웅인 그가 미튼스를 구해야 한다고 설득하며 마침내 미튼스를 구해낸다.

INT. STUDIO LOT COPY ROOM

From a "Lost Dog" flyer, the camera moves to Penny and her Mom standing over a Xerox machine.
The AGENT enters, excited. Behind him is a man carrying a crate.

AGENT : Look who we found, young lady! It's Bolt! They found him!

Barking is heard from the crate as the man sets it down and opens the door.
Penny's face lights up.

PENNY : (gasp) Bolt!

AGENT : (baby talk) That's right... it's the little puppy dog...

She runs towards the crate. Bolt jumps from the crate and runs towards Penny. They almost embrace when the trainer snaps his clicker. The dog stops and sits obediently.

PENNY : That is not Bolt.

AGENT : Well, that depends on how you look at it.

He leans in toward Penny.

AGENT : You know, when I was little, I wanted a bicycle for my birthday. But my parents got me a baseball glove. So you know what I did? I pretended that baseball glove was a bicycle. And I rode it to school, every day. True story.

PENNY : It's not him.

AGENT : Uuh... I think it's him. I do.

내부. 스튜디오 복사실
"잃어버린 개를 찾습니다"란 전단지로부터 카메라가 이동 촬영하며 복사기 주위에 있는 페니와 그녀의 엄마를 비춘다.
매니저가 흥분해서 들어온다. 그 뒤에는 나무 상자를 나르는 사람이 있다.

매니저 : 자 우리가 누굴 찾았는지 봐봐, 아가씨! 바로 볼트야! 볼트를 찾아냈어!

그 남자가 상자를 내려놓고 문을 열자 상자에서 개 짖는 소리가 들린다.
페니의 얼굴이 환해진다.

페 니 : (헐떡인다) 볼트!

매니저 : (아기 말투로) 그래 찾았다고… 아주 귀여운 강아지야…

그녀는 나무 상자를 향해 뛰어간다. 볼트는 상자에서 뛰어나와 페니를 향해 달린다. 그들이 거의 포옹할 순간에 트레이너가 그의 리모컨을 누른다. 개는 멈추며 복종하듯이 앉는다.

페 니 : 얘는 볼트가 아니에요.

매니저 : 그건 네가 어떻게 보느냐에 따라 달라지지.

그는 페니를 향해 몸을 숙인다.

매니저 : 내가 어렸을 적에 난 자전거를 생일 선물로 받고 싶었지. 하지만 부모님은 내게 야구 글러브를 사주셨어. 그래서 내가 어떻게 했게? 그 야구 글러브를 자전거라고 생각했지. 그리곤 매일 학교에 타고 갔어. 진짜란다.

페 니 : 얘는 볼트가 아니에요.

매니저 : 어… 난 볼트 같은데. 정말 그래.

- **flyer**
  전단, 광고, 삐라
  a small sheet of paper that advertises a product or an event and is given to a large number of people
- **embrace**
  포옹하다, 껴안다
  to put your arms around somebody as a sign of love or friendship
- **clicker**
  리모컨
- **obediently**
  공손하게, 고분고분하게

Zoom In

▪ That depends on how you look at it.

depend on(upon)은 '~에달려 있다, 나름이다, 좌우되다'의 뜻이다. That depends. It all depends.(그것은 때와 장소에 달렸다) 또는 Depend upon it!(틀림없다! 염려 마라!) 등의 관용 표현도 있다.

▪ So you know what I did?

Do you know?와 What did I do? 두 문장이 결합된 표현이다. 같은 문장처럼 보일지라도 간접의문문이 이끄는 의문사절인지 관계대명사가 이끄는 관계대명사절인지 구별해야만 한다. He likes what I did.의 What은 관계대명사이다.

Mindy CLEARS her throat and the Agent turns to see her standing behind him.

MINDY : (to Agent) Thank you. (then to Penny) Look kid, it's time we were honest with you. If we don't get back into production people are going to lose their jobs. Good people. With families.

PENNY : But Bolt's still out there! And—

MINDY : Now we feel for you. And the last thing we wanna do is ask a little girl to make a grown-up decision. But it's come to that. We need you to move on. We need you to let Bolt go...

Penny turns to the new dog, not sure what to do.
Slowly, Penny's hand reaches over to the copy machine. She hesitantly presses the STOP button.

INT. ANIMAL CONTROL TRUCK - EVENING

The DOG CATCHER sips a coffee when the LOW FUEL light pops on.
IN THE CELLS
Bolt attempts to break the cage open.

BOLT : Arrgh! Must be... made of... Styrofoam.

Mittens is in the adjacent cell. They can hear but not see each other.

MITTENS : It can't end like this.

BOLT: Stop worrying, cat. I'll get us out of here!

민디가 헛기침을 하자 매니저가 돌아서서 그녀가 자기 뒤에 서 있는 것을 본다.

민 디 : (매니저에게) **고마워요.** (그리고 페니에게) **얘 꼬마야, 이제 솔직하게 얘길 해야겠구나. 우리가 다시 이 드라마를 만들지 않으면 많은 사람들이 일자리를 잃어. 가족이 딸린 선량한 사람들이 말이다.**

페 니 : **하지만 볼트가 실종됐잖아요! 게다가…**

민 디 : **네 맘 잘 알아. 그래서 어린 너한테 어른처럼 힘든 결정을 내리라고 하고 싶지 않아. 하지만 그래야만 해. 그러니 이제 이쯤 해두자. 이제 볼트는 그만 포기하고…**

페니는 어떻게 해야 할지 확신하지 못하면서 새로운 개에게 돌아선다.
천천히, 페니의 손이 복사기 위로 뻗는다. 그녀는 망설이면서 멈춤 버튼을 누른다.

내부. 동물 단속 트럭 – 저녁
개 잡는 사람이 커피를 마시는데 연료 경고등이 켜진다.
유기동물 우리 안
볼트가 우리를 부숴 열려고 시도한다.

볼 트 : **아-아! 분명히… 스트로폼 재료로 만들어졌어.**

미튼스가 인접한 상자에 있다. 그들은 서로의 목소리는 들을 수 있으나 볼 수는 없다.

미튼스 : **정말 이렇게 끝낼 수는 없어.**

볼 트 : **제발 걱정 좀 하지마. 내가 나가도록 해줄게.**

▫ **clear one's throat**
(헛)기침하다

▫ **production**
(영화) 제작, 연출, 영화제작소, 프로덕션
a film/movie, a play or a broadcast that is prepared for the public; the act of preparing a film or a play, etc

▫ **sip**
조금씩 마시다, 찔끔찔끔 마시다
to drink something, taking a very small amount each time

▫ **adjacent**
인접한, 이웃의 부근의
(of an area, a building, a room, etc.) situated next to or near something

Zoom In

▪ Now we feel for you.

feel for는 '~에 대해 공감하다, 동정하다' (to have sympathy for somebody, to feel sorry for somebody)의 뜻이다.

· I feel for you but I can't quite reach you.
안 됐지만 난 정말 너한테 미안한 마음을 가질 수가 없어

▪ The last thing we wanna do is ask a little girl ---

the last가 '결코 ~ 할 것 같지 않은, 가장 안 어울리는'의 부정의 뜻을 가질 때가 있다. 즉 the last man (in the world) I want to see(내가 가장 만나고 싶지 않은 사람)이 된다.

MITTENS : You can't, Bolt! You got nothing! No super strength. No Superbark. And no heat vision.

Bolt is attempting to use his heat vision. He meekly looks away.

MITTENS : Listen to me, okay? We are being taken to a place where humans go animal shopping, alright? And this is what humans do: they always pick the cute ones. The ones that look like you, Bolt. But the rest of us never come back out.

BOLT : I said I'll get us out of here, alright?

Bolt rears back and SPRINTS to the cell door, ramming it with his head. He collapses in a heap.

BOLT : (semi-conscious) ...ergg zoomzoom...

Mittens slumps against a wall.

MITTENS : Ugh! My hero.

EXT. GAS STATION - MOMENTS LATER

The truck pulls into a GAS STATION. Winded, Rhino rolls to a stop, bathed dramatically in the red glow of the truck's taillight...

RHINO : Ring ring. Who is it? Destiny? I've been expecting your call.

미튼스 : 넌 못해 볼트! 넌 아무것도 없다고! 초능력도 없고 슈퍼목청도 없어. 또 투시안도 없고!

볼트가 나타나 자신의 투시안을 사용하려고 시도한다. 그는 그저 바라볼 뿐이다.

미튼스 : 내 말 좀 들어, 알았어? 우린 인간들이 동물 쇼핑을 하는 그런 보호소로 실려가는 거야., 알았어? 인간들이 구경 와서 귀여운 동물만을 입양해 가지. 바로 너처럼 생긴 애들만 말야. 하지만 우리 같은 애들은 평생 거기서 썩게 돼.

볼 트 : 내가 여기서 나가게 해준다고 했잖아?

볼트는 뒤로 물러나 문을 향해 달려들어 머리로 그것을 들이받는다. 그는 정신이 없이 쓰러진다.

볼 트 : (몽롱한 상태로) …으으 이런…

미튼스가 벽에 기대어 주저 앉는다.

미튼스 : 어! 영웅답네.

외부. 주유소 – 잠시 후
트럭이 주유소로 들어온다. 숨이 찬 라이노가 굴러와 멈춰서자 극적으로 빨간 후미등 불빛이 감싸진다.

라이노 : 따르릉 따르릉. 누구시죠? 운명씨라고요? 당신 전화 기다렸소이다.

- **meekly**
  온순하게, 기백없이
- **ram**
  부딪치다, 들이받다
  (of a vehicle, a ship, etc.) to drive into or hit another vehicle, ship, etc. with force, sometimes deliberately
- **collapse in a heap**
  심하게 쓰러져 움직이지 않다
  to fall down heavily and not move
- **in a heap**
  (구어) 몹시 취해서, 더미를 이루어
- **winded**
  숨이 찬
- **taillight**
  (열차, 자동차 등의) 미등

Zoom In

▪ Humans go animal shopping.

'쇼핑하러 가다'는 go shopping을 쓴다. 이처럼 go fishing, go hunting, go shooting 형식으로 표현하며 그 사이에 go window-shopping처럼 명사가 들어갈 수도 있다.

· Let's go window-shopping.
  윈도우 쇼핑 가자.

▪ Who is it?

전화가 왔을 때 "누구세요?" 뿐만 아니라 누가 찾아와 밖에서 노크를 했을 때에도 Who is it?을 쓴다. 물론 Who's calling? Who's speaking? Who am I talking to? Who am I speaking with?도 쓸 수 있다. Who are you?라고 쓰지 않는다.

The ball's hatch opens with a hyperbaric gust. Rhino lowers one foot to the ground, then the next. He LAUGHS manically, free at last. He scurries undetected, scales the truck and sneaks to the cell handle, struggling to pry it open.

BOLT : Ow...

MITTENS : Oh, would you give it up already! You're liquefying whatever brains you have left!

Bolt staggers to his feet.

BOLT : I can not be contained! In any container! You... quitter! Watch this!

He rears back again, makes another sprint, head down...

BOLT : Zoooooooooooom!

Rhino unlocks the door just as Bolt charges at it. Bolt flies out of the cell, landing on the shoulder as the truck rumbles off. Bolt jumps to his feet.

BOLT : I did it! I'm back! That Styrofoam is wicked stuff!

Rhino pops up from the brush.

RHINO : Fully awesome! There's no truck that I know that can keep in Bolt and Rhino. (snaps)

BOLT : (confused) Rhino? What are you doing here?

공의 해치가 고압의 돌풍과 함께 열린다. 라이노는 한발을 땅에 내리고는 다음에 다른 발을 내딛는다. 그는 광적으로 웃으며 마침내 자유로운 몸이 된다. 그는 아무도 모르게 잰 걸음으로 서둘러 트럭에 기어올라 콘테이너 핸들로 살금살금 다가가 비틀어 열려고 애를 쓴다.

볼 트 : 오…

미튼스 : 아 벌써 포기하신 거야! 정 안부서지면 머릴 쥐어짜지 그래!

비틀비틀 일어선다.

볼 트 : 난 죽어도 이런 콘테이너에 갇혀 있을 수 없어! 넌 겁쟁이야. 잘 봐!

그는 다시 뒤로 물러나며 머리를 숙이고 또 한번 돌진한다.

볼 트 : 으 – 아!

볼트가 돌진하는 바로 그 때 라이노가 문을 연다. 볼트는 콘테이너 밖으로 날아서 갓길에 떨이지고 트럭도 덜컹거리며 달려간다. 볼트는 벌떡 일어난다.

볼 트 : 해냈어! 힘을 찾았다고! 그 스트로폼이 요물이었어!

라이노가 덤불에서 튀어나온다.

라이노 : 정말 근사했어! 어떤 트럭도 볼트와 라이노를 가둘 순 없어. (달려든다)

볼 트 : (당황하며) 라이노? 너 여기서 뭐 하는 거니?

▫ **hatch**
해치, 창구, 승강구
an opening or a door in the deck of a ship or the bottom of an aircraft, through which goods to be carried are lowered

▫ **hyperbaric**
고압의, 고비중의

▫ **liquefy**
녹이다, 용해시키다
to become liquid; to make something liquid

▫ **quitter**
겁쟁이, 포기하는 사람, 쉬 체념하는 자
someone who gives up easily and does not finish a task they have started

Zoom In

▪ pry it open

pry는 원래 '지레로 움직이다(들어올리다)'의 뜻이다. pry open은 '비틀어 열다'의 뜻이고 it은 cell handle인데 목적어이고 open이 목적보어이다. 이처럼 목적보어가 행위의 결과를 나타내는 경우가 있다. push it open(그것을 밀어 열다)

▪ Would you give it up already!

"벌써 포기하실 건가!"의 의미로 give up은 '(계획 등을) 포기하다, 그만 두다,'의 관용구다. 원래는 의문문인데 비꼬는 말로서 감탄 부호를 썼다.

· Doctors gave up him already.
의사들은 이미 그를 포기했다.

RHINO : Oh nothing. I was enjoying an evening stroll and thought I'd just POP the hatch on that containment unit!

BOLT : You... you opened the door?

RHINO : Yes I did! Be-oink!

BOLT : Wow... uh, well... That's great, Rhino. Yeah, that's— that's really good...

RHINO : Alright, let's go get the prisoner back!

He turns to leave.

BOLT : I... I can't do it.

RHINO : (shocked) What did you say?

BOLT : I can't.

RHINO : WHA-! WHO ARE YOU??!!

BOLT : Rhino, you just... just don't under—

RHINO : You are BOLT!

BOLT : But I'm not a super—

RHINO : (without missing a step) Who single-handedly destroyed the Green-Eyed Man's undersea labs?

BOLT : Me. But but—

RHINO: And who foiled his plan to infiltrate the Olympics with gymnastic cyborgs?!
Who Bolt, WHO,
WHO??!!

라이노 : 별거 아니야. 내가 저녁 산책을 즐기다가 그냥 심심해서 빵하고 컨테이너 문짝을 열어본 것뿐이야!

볼 트 : 네가… 그 문을 연거야?

라이노 : 그럼 내가 열었지! 앗싸!

볼 트 : 와우… 그거… 정말 잘했어, 라이노. 그래, 그건 정말 잘한 거야…

라이노 : 그럼 어서 가서 포로를 잡아와야지!

그가 떠나려고 돌아선다.

볼 트 : 난… 할 수가 없어.

라이노 : (충격을 받고) 뭐라고 하는 거야?

볼 트 : 난 할 수 없다고.

라이노 : 아니 -! 니가 누군데?

볼 트 : 라이노, 그래 니가 몰라서 -

라이노 : 넌 볼트야!

볼 트 : 하지만 난 초능력 -

라이노 : (한 스텝도 놓치지 않고) 녹색 눈 인간의 해저 연구소를 한 손으로 때려 부순 게 누구지?

볼 트 : 나였지. 하지만 -

라이노 : 또 인조체조 선수를 훈련시켜서 올림픽을 망치려고 했던 음모를 막은 건! 누구야, 누구냐고?!

▫ **stroll**
산책, 이리저리 거닐기
a slow relaxed walk

▫ **containment**
봉쇄, 안전 격납

▫ **single-handedly**
한 손으로, 혼자 힘으로, 단독으로

▫ **foil**
(공격을) 물리치다, 좌절시키다
to stop something from happening, especially something illegal; to prevent somebody from doing something

▫ **cyborg**
사이보그, 인조인간
a creature that is part human, part machine

Zoom In

▪ Let's go get the prisoner back!

Let's go get~은 Let's go and get~, Let's go to get~의 뜻이다. 특히 구어체에서는 이처럼 go나 come 뒤에 동사원형을 쓴다. get back은 '되찾다'의 뜻이다.

▪ lab

물론 이 어휘는 구어로 laboratory의 준 말이다. '연구소, 실험실, 제조소, 시험소, 연습실' 등 광범위하게 쓰이는 낱말이다. 보통 '랩'으로 통한다.

· Have you been to the language lab?
어학 연습실에 갔다 왔니?

BOLT : Me! But none of it was—

RHINO : YOU! You CAN, BOLT!! Because all over this planet, there are animals who feel like they can't. Like a little hamster who once spent his days in an RV park, dreaming of the day when he too would save a little girl from danger and be told, you did it. You did it, Rhino. You saved the day. They need a hero, Bolt! Someone, who, no matter what the odds, will do what's right. They need a hero to tell them that sometimes the impossible can become possible if you're AWESOME!!

BOLT : Well... you're right about one thing, Rhino. Mittens does need a hero. (heavy exhale, then) I guess I'll have to do.

RHINO : SUCH MODESTY! NOW, WHO'S GOING TO SAVE THAT CAT??!!

BOLT : Me.

RHINO : WHO??!! TELL ME WHO??!!

BOLT : (determined) ME.

Rhino SQUEALS excitedly.

RHINO : I'll get my ball.

볼 트 : 나야! 하지만 그 것 아무것도 –

라이노 : 너야! 넌 할 수 있어, 볼트! 왜냐면 지구상의 모든 동물들은 자기들이 아무것도 할 수 없다고 느끼면서 살기 때문이야. 예를 들면 말이야, 나 같은 별 볼일 없는 햄스터도 전엔 허구한 날 캠핑촌에 갇혀 살았지. 하지만 늘 꿈을 꿨어. 언젠가는 위험에 빠진 소녀를 구하는 꿈! 난 이 말을 듣고 싶었어. "넌 해냈어. 네가 해냈다고, 라이노. 네가 승리한 거야." 우리에겐 영웅이 필요해, 볼트! 어떤 난관이 닥쳐도 정의를 수호하는 영웅 말이야! 때로는 불가능한 걸 가능하게 할 수 있다고 용기를 주는 최고의 영웅! 네가 바로 그 영웅이야!!

볼 트 : 그래… 딱 하나 니 말이 맞는 게 있어. 미튼스에겐 영웅이 필요해. (숨을 거칠게 내쉬고는) 내가 나서야겠어.

라이노 : 이젠 겸손하기 까지! 자! 그럼 누가 그 고양이를 구해 낼 건가??!!

볼 트 : 나야.

라이노 : 누구??!! 누구라는지 안 들리는데??!!

볼 트 : (결의에 차서) 나라고.

라이노는 흥분해서 찍찍거린다.

라이노 : 내 투명볼 가져올게.

odds
가능성, 확률, 가망, 승산
the degree to which something is likely to happen; something that makes it seem impossible to do or achieve something

modesty
겸손, 소박함, 얌전함
being humble about your abilities or possessions

determined
결의에 찬, 결연한, 단호한, 굳게 결심한
showing a person's determination to do something

squeal
깩깩거리다, 우는 소리를 하다

Zoom In

▪ be told, you did it

구문상 when he too would save a little girl from danger and when he would be told (that) "you did it."으로 보면 된다. 즉 you did it은 묘출화법의 일종으로 "그 또한 위험에서 어린 소녀를 구해서는 "네가 해냈어" 라는 말을 듣게 될 날"의 뜻이다.

▪ The impossible can become possible.

직역하면 "불가능한 것이 가능해질 수 있다"가 된다. The impossible은 명사로 '불가능한(하다고 생각되는)일'의 뜻이다. 〈the + 형용사 = 보통명사〉의 한 예이다.

EXT. ANIMAL SHELTER - MOMENTS LATER

Rhino HUMS the 'BOLT' TV show theme song as they crest a bluff.

BOLT : Over there!

They see an Animal Rescue. Rhino GIGGLES giddily, picturing a dramatic prison break. He's so psyched, he fogs up his ball.

RHINO : (excited) This will be just like the time you infiltrated Calico's arctic hover base!

BOLT : It's not going to be exactly like that, Rhino. We're gonna have to do things a little differently.

RHINO : Oh! Stealth mode...

INT. POUND - CONTINUOUS

An employee(LLOYD) heads out the door, waving to the woman(ESTHER) at the front desk.

LLOYD : Goodnight, Esther.

ESTHER : Goodnight, Lloyd.

Esther watches the automatic doors open and close.

ESTHER : Lloyd...?

No answer.

ESTHER : Lloyd Spoone, you jump out and scare me and I'm gonna pepper spray ya again. I swear, it's like I work with toddlers.

외부. 동물 보호소 - 잠시 후
그들이 절벽을 오를 때 라이노는 '볼트' TV 드라마 주제가를 흥얼거린다.

볼 트 : 저기야!

동물 보호소가 나타난다. 라이노는 극적인 탈옥을 그리면서 들떠서 킬킬거린다. 그는 아주 흥분하여 자신의 공에 김이 서린다.

라이노 : (흥분해서) 이거 네가 드라마에서 칼리코의 북극 기지로 잠입할 때와 아주 비슷한 것 같아!

볼 트 : 하지만 그때와는 상황이 같지 않을 거야. 이번엔 좀 다른 작전을 써야 할 거야.

라이노 : 아! 적의 눈에 안 띄게 말이지…

내부. 동물 수용소 - 계속
한 종업원(로이드)이 문 밖으로 나가며 프런트 데스크에 있는 여자(에스터)에게 손을 흔든다.

로이드 : 수고하세요, 에스터.

에스터 : 잘가요, 로이드.

에스터는 자동문이 열리고 닫히는 걸 본다.

에스터 : 로이드…?

대답이 없다.

에스터 : 로이드 스푼, 가는 척하다가 날 놀라게 하면 또 후추가루를 뿌려버릴 거야. 애들처럼 유치하게 저런 장난을 치다니.

- **bluff**
  절벽, 깎아지른 갑각
- **giddily**
  경솔하게, 아찔하게, 정신 못 차리게
- **psych**
  정신적으로 혼란에 빠지다, 불안하다
  to make an opponent feel less confident by saying or doing things that make you seem better, stronger, etc.
- **fog up**
  안개로 덮다, 안개가 자욱하다
- **hover**
  떠 있는 섬
- **pound**
  (주인 없는 개, 고양이 등을 수용해주는) 동물 수용소
  a place where dogs that have been found in the street without their owners are kept until their owners claim them
- **toddler**
  유아, 아장아장 걷는 아이
  a child who has only recently learnt to walk

Zoom In

▪ prison break

이것은 '탈옥'의 뜻으로 2005년 미국 폭스사가 제작하여 성황리에 방송된 TV 드라마 시리즈의 제목으로 잘 알려진 어구다. 물론 prison breaker하면 '탈옥수(자)'의 뜻이다. 또 break prison하면 '탈옥하다'(escape from prison)의 뜻이 된다.

▪ I swear, it's like I work with toddlers.

물론 I swear (that) it's like I work with toddlers.(맹세하는데 이건 마치 애들하고 일하는 것 같다니까) 구문인데, 뜻을 강조하기 위해 I swear가 독립적으로 쓰인 것이다.

· It's not me, I swear! 그건 절대로 내가 아니야!

She reluctantly pads off to investigate, muttering under her breath...
Rhino and Bolt pop out from behind the desk.

RHINO : Threat nullified.

HALLWAY - MOMENTS LATER

Rhino GIGGLES EXCITEDLY as he and Bolt race stealthily through the pound.

RHINO : I feel alive!

BOLT : Shhh.

Bolt leans in to the CAT ROOM. Another worker, MARTIN, sits at a desk.

BOLT : There's a guard.

RHINO : (completely serious) I'll snap his neck.

Bolt stops Rhino...

BOLT : We need to get him away from that door.

Bolt spies the DOG KENNELS. Rhino rolls up to the dog kennel. Dogs BARK INSANELY.
But we hear what they're really saying...

DOGS : Ball! Ball! Ball! Ball!!

Martin gets up from his desk in the cat room to quiet them...

MARTIN : Oh, guh! I'm just-! I'm re-! I'm jus-! Aauh!! Just pipe down!

그녀는 작은 소리로 중얼거리면서 마지못해 살피려고 걸어간다.
라이노와 볼트는 책상 뒤에서 튀어나온다.

라이노 : 위협은 사라졌다.

복도 - 잠시 후
라이노는 자신과 볼트가 동물 수용소를 몰래 달려갈 때 흥분해서 킬킬거린다.

라이노 : 나 너무 신나!

볼 트 : 쉬.

볼트는 고양이 방을 기웃거린다. 다른 직원인 마틴이 책상에 앉아 있다.

볼 트 : 경비가 있어.

라이노 : (완전히 심각하게) 내가 해치워 버릴게.

볼트는 라이노를 말린다.

볼 트 : 저 문에서 멀리 떨어지게 만들어야 해.

볼트는 개 집들을 살핀다.라이노는 개 집으로 굴러 올라간다. 개들이 미친 듯이 짖어댄다. 하지만 그들이 정말로 말하는 소리는…

개 들 : 공! 공! 공! 공!!

마틴은 개들을 조용하게 하기 위해 고양이 방 책상에서 일어난다.

마 틴 : 뭐야! 나 지금--! 나 지금 책 보는 중인데! 이런!!
제발 조용히 해!

▫ **pad**
발소리를 내지 않고 걷다, 도보로 가다
to walk with quiet steps

▫ **nullify**
무효로 하다, 파기하다, 수포로 돌리다
to make something such as an agreement or order lose its legal force

▫ **kennel**
개 집
a small hut for a dog to sleep in

▫ **insanely**
미친 듯이, 제정신이 아닌 상태로

Zoom In

▪ muttering under her breath

under one's breath는 below one's breath와 같이 '작은 목소리로, 소근소근'의 뜻이다. 이의 반대는 above one's breath(소리를 내어)가 있다.

· They always talk under their breath in the lab. 그들은 실험실에서 늘 소곤소곤 말한다.

▪ Just pipe down!

pipe down은 구어체로 '낮은 소리로 말하다, 입다물다, 조용해지다'의 뜻으로 pipe는 원래 '새된 목소리로 말하다'는 뜻이다.

· Pipe down! Mom's talking on the phone
조용해라! 어머니가 전화를 걸고 있어.

Bolt rushes into the cat room, searching...
Mittens is in a cage, alone. Then, a VOICE:

BOLT : Mittens?

Mittens looks up, shocked. Bolt stands in front of her.

MITTENS : Bolt? What are you doing here?

BOLT : I'm busting you out.

MITTENS : You came all the way back here... for me?

BOLT : Yeah.

MITTENS : But how'd you--? I mean- You don't have any super powers.

BOLT : I know.

MITTENS : (surprised) Really?

BOLT : Yeah.

MITTENS : Wow. Crazy day for you, huh?

BOLT : It's been a lot, yes it has. Are you ready for this?

MITTENS : No.

BOLT : Me neither.

Bolt undoes the lock and Mittens joins him as they run back down the hallway.

INT. DOG ROOM

The kennel of dogs continue BARKING.

MARTIN : Hey! Hey! Hey! What is twisting your giblets?

볼트는 고양이 방으로 달려 들어가 수색을 하고…
그녀는 혼자 우리에 갇혀 있다. 그때 목소리가 들린다.

볼 트 : 미튼스?

그녀는 놀라서 쳐다본다. 볼트가 그녀 앞에 서 있다.

미튼스 : 볼트? 네가 여기 어떻게 온 거야?

볼 트 : 널 구해주러 온 거야.

미튼스 : 여기까지 일부러 온 거야…. 나 땜에?

볼 트 : 그래.

미튼스 : 하지만 어떻게 네가 --? 넌 - 초능력 같은 거 전혀 없잖아.

볼 트 : 나도 알아.

미튼스 : (놀라서) 정말?

볼 트 : 그럼.

미튼스 : 와. 오늘 무리 좀 했겠네?

볼 트 : 그래 정말 무리 좀 했지. 나갈 준비됐어?

미튼스 : 아니.

볼 트 : 나도 그래.

볼트가 자물쇠를 열자 미튼스는 그와 함께 복도를 뛰어 돌아간다.

내부. 개 방
개 떼가 계속 짖어댄다.

마 틴 : 야! 이봐! 뭐 때문에 이렇게 소란스럽게 야단이야?

▫ **crazy**
(속) 굉장히 좋은, 나무랄 데 없는

▫ **undo**
풀다, 벗기다, 열다
to open something that is fastened, tied or wrapped

▫ **giblet**
(닭 등의 식용) 내장

Zoom In

▪ I'm busting you out.

bust out은 속어로 '탈옥시키다'의 뜻이고 bust out of는 '~에서 탈옥하다'의 뜻이다.

· Wayne is very sick, so we're here to bust him out. 웨인이 매우 아파서 우리가 탈옥시키려고 왔어

▪ What is twisting your giblets?

직역하면 "뭐가 네 놈들 내장을 비틀고 있는 거야?"의 뜻으로 소란스럽게 야단을 떠는 상황을 말한다. 이런 표현들은 화자가 속한 사회 계급이나 배경 등에 따라 여러 가지 형태로 나타나기 때문에 상황에 따라 의미를 알아내는 것이 상책이다.

Martin spots a dog chewing on Rhino's ball.

MARTIN : Hey! Where'd you get that hamster? Give it! Give it!

Bolt BARKS to Rhino. Martin turns and dives after Bolt, who eludes him.

MARTIN : Hey! Wait!

RHINO : Initiating escape!

Rhino pops free of the dog's jaws, rolling over Martin's head.

MARTIN : Owe! What the—? Hey!

The three heroes race down the hallway. Martin spots Lloyd by the exit...

MARTIN : Lloyd! Block the door! Block the door! Block the door! Block the door!

RHINO : Superbark!! Superbark!!

With no way out, Bolt and Mittens screech to a halt. Simultaneously, Martin slips and lands on Bolt's tail causing him to YELP and kick Rhino's ball. Rhino is sent flying through the air. He slams into Lloyd, then bounces into a helium tank, which fires off like a missile out the front door into the dog pound's sign. The sign topples down onto a truck with a propane grill in its bed. KABOOOOM!
Bolt and company race off... Esther surveys the damage.

ESTHER : Sweet Sister Francis! What did you do to my new truck?

Lloyd races after our team...

LLOYD : YOU HOLD ON RIGHT THAR--!!!

마틴은 라이노의 공을 씹고 있는 개를 본다.

마 틴 : 야! 너 그 햄스터 어디서 난 거야? 이리 내! 이리 내라고!

볼트는 라이노에게 짖는다. 마틴은 돌아서서 볼트를 쫓아가는데 볼트는 그를 벗어난다.

마 틴 : 이봐! 기다려!

라이노 : 탈출 작전 개시!

라이노는 개의 턱에서 팍 풀려 나와 마틴의 머리 너머로 굴러간다.

마 틴 : 야! 뭐야 – ? 이봐!

세 영웅은 복도를 달려간다. 마틴은 입구에 서 있는 로이드를 발견하고…

마 틴 : 로이드! 문닫아! 문을 닫아! 문을 닫으라고!

라이노 : 슈퍼 목청!! 슈퍼 목청!!

나갈 길이 막히자 볼트와 미튼스는 끽하고 멈춘다. 동시에 마틴도 미끄러지며 라이노의 꼬리 위에 넘어지면서 그가 비명을 지르고 라이노의 공을 찬다. 라이노는 공중으로 날아간다. 그는 로이드에 부딪쳐 헬리움 탱크로 튀어가며, 탱크는 미사일처럼 불이 붙으며 정문 밖으로 튀어 개 수용소 간판을 친다. 간판은 바닥에 프로판 통을 실은 트럭 위로 넘어진다. 우르르 쾅!
볼트와 일행은 달려 간다. 에스터는 피해를 조사한다.

에스터 : 이런 맙소사! 내 새 트럭에 무슨 짓을 한 거야?

로이드는 영웅들을 쫓는다.

로이드 : 네 놈들 거기 서 ––!!

▫ **elude**
벗어나다, 피하다

▫ **initiate**
시작하다

▫ **simultaneously**
동시에

▫ **topple**
넘어지다, 앞으로 비틀거리다

▫ **kaboom**
우르르 쾅 (하는 소리)

Zoom In

▪ Where'd you get that hamster?

Where did you get that hamster?를 발음대로 말한 것이다. 구어체에서는 발음 나는 대로 표기를 하는 경향이 있다. 원래 want to를 wanna로, going to를 gonna로 하는 것도 이런 현상에서 출발을 했다. because도 요즘에는 cos 또는 cuz 등으로 표현한다.

▪ with no way out

이 표현은 '출구가 없으므로'의 뜻을 갖는 부대상황 구문으로 as they find no way out의 의미이다. way out은 '(곤란한 문제의) 해결책, 해결의 수단, 타개책, (지하철 등의) 출구'를 뜻한다. 따라서 위 표현은 without way out과 같다.

Spooked, Esther SCREAMS and blasts Lloyd with pepper spray. Lloyd HOLLERS in pain.

LLOYD : Golly, Esther.

ESTHER : Both you boys need serious help!

LLOYD : Spicy eyes!

Bolt and his pals emerge from the brush at the side of a road.

MITTENS : We need a ride.

RHINO : Ooh! I've got a big one! You're welcome!

The team chases after. Mittens dives through a doggie door. Bolt follows, Rhino in his mouth. They sit there, breathing hard.

겁을 먹은 에스터는 비명을 지르며 로이드에게 후추가루 스프레이를 뿌린다. 로이드는 고통스럽게 고함을 지른다.

로이드 : 맙소사, 에스터.

에스터 : 둘 다 빨리 정신병원에 가야 돼!

로이드 : 눈알 빠지겠어!

그와 그의 동료들은 길 옆의 덤불에서 나타난다.

미튼스 : 차를 타야 해.

라이노 : 오! 아주 큰 차가 오네! 어서 와!

일행은 뒤를 따른다. 미튼스는 개 문을 통해 뛰어든다. 볼트는 라이노를 물고 뒤를 따른다. 그들은 숨을 세차게 몰아 쉬며 앉는다.

spooked
겁 먹은, 안달이 난
to become frightened

holler
고함지르다, 외치다
to shout loudly

doggie
강아지의, 개 같은
a child's word for a dog

Key Expressions

176 Look who we found, young lady! 우리가 누굴 찾았는지 알아, 아가씨?

이런 구문은 구어체에서 잘 쓰이는 표현으로 Look who's here!(아니 이게 누구야!) Look who's talking!(사돈 남 말 하네! 네 일이나 잘 해라!) 등이 있다. 예문의 who는 found의 목적어로 whom이 원칙이나 구어체에서는 그냥 주격을 많이 쓴다.

· "Don't play your radio so loud.""Look who's talking!"
"라디오 좀 크게 틀지 마라." "사돈 남 말 하시네!"

· My, look who's here! Ann! What's up? 오, 이게 누구야! 앤! 어떻게 지내?

178 It's time we were honest with you. 이제 솔직하게 이야기할 때야.

It's time (that)~이나 It's high time~ 다음에 절이 올 경우 동사는 과거형이 온다.

· It's time I were(was) going. 이제 가야 할 시간이다.
· It's time you should go to bed. 이제 잘 시간이 되었구나.

182 Bolt jumps to his feet. 볼트는 펄쩍 뛰어 일어난다.

원래 to one's feet는 '일어선 상태로'의 뜻으로 일어나는 상황에 따라 stagger to one's feet(비틀거리며 일어나다), struggle to one's feet(애써 일어나다), get to one's feet(일어나다), rise to one's feet(일어서다) 등 그 표현이 다양하다. 이 외에도 spring to one's feet, leap to one's feet, climb to one's feet, stagger to one's feet, totter to one's feet 등 일어나는 모습에 따라 여러 형태의 표현들이 있다.

· She jumped to her feet and ran out of the room.
그녀는 벌떡 일어나 방을 뛰어나갔다.

186 You saved the day. 넌 해냈어.

save the day는 save the situation과 같이 '궁지를 벗어나다, 어려운 고비를 넘기다, 사태를 수습하다'의 뜻이다. 실패가 확실한 것처럼 보이는데 성공을 할 경우에 사용한다.

· We thought we'd have to abandon the talks, but she saved the day by suggesting a compromise acceptable to both sides.
우리는 그 대화를 포기해야 한다고 생각했지만 그녀가 양쪽이 받아들일 수 있는 타협안을 제시함으로써 사태를 수습했다.

186 Someone, who, no matter what the odds, will do what's right. 아무리 어렵고 힘들어도 누군가가 정의로운 일을 하지.

odds는 '가능성, 공산, 가망, 확률, 승산, 비율' 등의 뜻으로 no matter what the odds (are)는 '가능성이 어떻든'의 뜻이다.

· She may pass but the odds are she will fail. (= She may pass but it's likely that she will fail.) 그녀가 합격할지는 모르나 떨어질 것 같다.

192 Me neither. 나도 그래.

물론 구어체 표현으로 부정문을 받는 표현이며 I am, either. (I can't, either. I don't, either.) Neither am I. Nor am I.와 같은 뜻이다.

· A: I haven't seen your wife since last week.
네 처 지난 주부터 못 봤는데.
B: Me neither.
나도 그래

ADOPT-A-PET WEEK

Chapter 08

But Penny Is My Person.

하지만 페니는 내 주인이야

어렵사리 탈출에 성공한 그들은 차에 몸을 싣고 대륙횡단 여행을 계속한다. 그 사이 미튼스와 볼트는 순수한 동물 친구로서 우정을 쌓는다. 라스베가스에 도착하자 미튼스는 페니의 사랑은 배우의 연기일 뿐이니 그녀를 잊고 여기서 살자고 볼트를 설득한다. 하지만 볼트는 주인인 페니를 찾아 홀로 떠나고 이를 알게 된 라이노도 그를 뒤따른다.

INT. HOUSE ON WHEELS

Mittens, Bolt and Rhino lean against the wall, trying to catch their breath.

RHINO : I can't believe it! My whole life I've wanted to see a real live Superbark! (laughs) You... are... legendary!

He EXITS. Bolt hangs his head.

BOLT : Mittens, if... uh... I don't chase bad guys... then what am I? I mean what—

MITTENS : Ah, don't worry about it. Being a regular dog is like the greatest gig in the world, okay?

Mittens walks towards Bolt.

MITTENS : Look, I'm gonna let you in on a little secret okay? A little known cat secret. You know why we hate dogs? Cause we wanna be dogs. We have dog complexes.

BOLT : But, what do dogs do?

MITTENS : Slobber, sleep, chase tails, chew shoes, you don't exactly need a master's degree. You know, most dogs live in a place like this. And um, well I dunno, they do things like...

내부. 자동차 위의 집

미튼스와 볼트 그리고 라이노는 벽에 기대고 한숨을 돌리려고 한다.

라이노 : 꿈만 같아! 슈퍼 목청으로 짖는 걸 보는 게 내 평생 소원이었는데 말이야. (웃는다) 넌… 정말… 전설 그 자체야!

그는 나간다. 볼트는 고개를 숙인다.

볼 트 : 미튼스, 만약에… 어… 악당 쫓는 일을 못하게 되면… 대체 난 뭘 하지? 내 말은 –

미튼스 : 아, 고민할 거 없어. 그냥 평범한 개로 사는 것도 큰 축복이야, 알았지?

미튼스는 볼트에게로 걸어간다.

미튼스 : 이봐, 내가 비밀 하나 말해 줄까? 이거 우리 고양이들은 다 아는 비밀이야. 우리가 왜 개를 싫어하게? 그건 개가 되고 싶어서야. 우리에겐 개 컴플렉스가 있거든.

볼 트 : 하지만, 개들이 무슨 일을 하고 사는데?

미튼스 : 핥고, 자고, 꼬리 치고, 구두 물어 뜯고, 별로 머리 쓸 일이 없는 일들이야. 대부분의 개들은 이런 곳에서 살지. 그리고 이런 것도…

- **legendary**
  전설(상)의, 믿기 어려운, 전설로 남을 만한
  mentioned in stories from ancient times
- **hang one's head**
  고개를 숙이다
- **gig**
  일시적인 일
  an enjoyable, casual job
- **complex**
  콤플렉스, (어떤 것에 대한)고정관념, 과도한 혐오
  a mental state that is not normal
- **slobber**
  군침을 흘리다, 액체를 입에서 흘리다
  to let saliva come out of your mouth

Zoom In

▪ I'm gonna let you in on a little secret.

여기서 let in on은 구어체로 '(비밀을) 알리다, 일러주다'의 뜻을 갖는 관용구다.

· could you let me in on your techniques for getting along with girls?
여자들과 잘 어울리는 네 기술 좀 알려줄 수 있겠어?

▪ You don't exactly need a master's degree.

직역하면 "너희들은 반드시 석사학위가 필요한 건 아니지."의 뜻이지만 실은 공부 많이 할 필요가 없다는 의미가 내포되어 있기 때문에 석사학위 대신에 박사학위(doctor's degree)가 들어간다고 해도 좋겠다.

Mittens shows Bolt the toilet, where dogs drink.

BOLT : OUT OF THIS!?? BUT! BUT!

INT. KITCHEN - CONTINUOUS

MITTENS : And this is your dog bowl.

BOLT : What is?

MITTENS : (motioning) This. The entire floor. It hits the ground, it goes to the hound. How cool is that?

INT. LIVING ROOM - CONTINUOUS

MITTENS : (gestures toward the hearth) Aah, and on cold nights, this and a ball of yarn, it doesn't get better than that.

BOLT : You, uh, seem to know a lot about these places.

MITTENS : Yeah, I did my time in one of these... but I'm more of an alley cat at heart. You know. Sprung out first chance I got. Never looked back.

BOLT : Hmmm...

RHINO : RHINO IS AWESOME! HE'S SO AWESOME!! (Laughs gleefully)

미튼스는 볼트에게 개들이 마실 물이 있는 화장실을 보여준다.

볼 트 : 변기물을!?? 하지만! 하지만!

내부. 부엌 - 계속

미튼스 : 그리고 이게 네 밥그릇이야.

볼 트 : 뭐가?

미튼스 : (몸짓을 하면서) 여기. 이 방바닥 모두. 바닥에 떨어진 음식도 네 차지야. 뭘 더 바라겠어?

내부. 거실 - 계속

미튼스 : (난로를 향해 몸짓을 한다) 아, 그리고 추운 밤에는 벽난로와 털실 뭉치까지, 세상에 더 바랄게 없는 거지.

볼 트 : 넌 말야, 이런 생활에 대해서 많이 아는 것 같아.

미튼스 : 그래, 나도 한때 이런 집에서 살았지… 하지만 도둑 고양이가 더 체질에 맞아서 어느 날 기회가 오자 가출을 해버렸지. 후횐 없어.

볼 트 : 음…

라이노 : (목소리) 라이노는 대단해! 정말 짱이야! (유쾌하게 웃는다)

▫ **hound**
개, 사냥개
a dog that can run fast and has a good sense of smell, used for hunting

▫ **hearth**
난로, 노변
the floor at the bottom of a fireplace (= the space for a fire in the wall of a room); the area in front of this

▫ **ball of yarn**
털실 뭉치

▫ **yarn**
직물 짜는 실, 방적사, 뜨개실
thread that has been spun, used for knitting, weaving, etc.

Zoom In

▪ It doesn't get better than that.

get better는 원래 '병이 낫다'는 뜻이지만 여기서는 그냥 '형편(상황)이 더 나아지다'의 뜻이다. 위를 직역하면 "그것은 저것보다 더 낫지 않다."가 되지만 의역을 하면 "그에 관한 한 저게 정말 최고야."의 뜻이 된다.

▪ I'm more of an alley cat at heart.

more가 대명사로 쓰여 '더 많은 수(양, 정도, 중요성, 그 이상의 것(일, 사람)' 등의 뜻이 된다. at heart는 '실제로는, 내심으로는, 마음속은'의 뜻이다. 따라서 위 문장의 뜻은 "실제로 난 더욱 도둑고양이야."이다.

He is screaming into an air vent near the floor.

RHINO : HE'S BEYOND AWESOME! HE'S... HE'S... BE-AWESOME!!! HE'S--

He notices them.

RHINO : (To Bolt and Mittens) I—I am be-awesome. (giggles)

Bolt leans in. The breeze from the vent ruffles his fur. He seems to like it.

MITTENS : Hmm. I think it's about time I introduced you to the regular dog piece de resistance.

CUT TO WINDOW - CONTINUOUS

Mittens opens the window and gestures to it.

MITTENS : Go ahead, stick your head out.

BOLT : Why?

MITTENS : Just do it.

He does. The wind ruffles his fur, and he melts with joy.

BOLT : Wow! This! This is awesome! (He laughs)

MITTENS : And stick your tongue out.

He does. He is even happier than before.

그는 마루바닥 근처의 공기 구멍안으로 소리를 지른다.

라이노 : **그는 최고 짱이야! 그는… 정말… 열라 짱이야!!!**

그는 그들을 목격한다.

라이노 : (볼트와 미튼스에게) **난 정말 짱인 것 같아.** (킬킬댄다)

볼트는 몸을 숙인다. 통풍구로부터 나오는 미풍이 털을 일렁이게 한다. 그는 그걸 좋아하는 것 같다.

미튼스 : **음. 이제 너한테 보통 개들이 좋아하는 놀이를 하나 가르쳐줄게.**

창문으로 – 계속
미튼스가 창문을 열고 몸짓을 한다.

미튼스 : **어서, 머리를 밖으로 내밀어.**
볼 트 : **왜?**
미튼스 : **그냥 해 봐.**

그가 그렇게 한다. 바람이 그의 털을 일렁이게 하자 그는 즐거움으로 감정이 누그러진다.

볼 트 : **아! 이거! 이거 정말 기분 좋다!** (그는 웃는다)
미튼스 : **그리고 혀도 내밀어 봐.**

그가 그렇게 한다. 그는 전보다 더 즐겁다.

▫ breeze
미풍, 산들바람, 연풍
a light wind

▫ ruffle
헝클어 뜨리다, 보풀이 일다
to disturb the smooth surface of something, so that it is not even

▫ piece de resistance
주요한 것(사건), 주요 작품
(from French) the most important or impressive part of a group or series of things

Zoom In

▪ He's beyond awesome!

beyond에는 부사도 있어서 '(멀리) 저편에, 이상으로, 그밖에'의 뜻이 있다. 물론 명사로도 쓰여 "머나먼 저편, 저승, 내세, 초경험적인 것"의 뜻도 있다. awesome은 구어로 '아주 멋진, 훌륭한, 굉장한'의 뜻이다.

▪ Go ahead.

구어체의 표현으로 명령문으로 쓰여 "하라! (재촉하여) 자, 어서!(허가를 구하는 말에 답하여) 어서!(전화에서) 말씀하세요" 등의 뜻으로 쓰인다.

· A: May I start now? 지금 시작할까요?
B: Yes, go ahead. 그래, 시작해.

BOLT : (ecstatic) This is totally awesome. Why don't you try it?

MITTENS : Eh... no thanks, it's really a dog thing.

The trio travel across the country. Mittens teaches Bolt how to fetch and play. Their friendship is growing stronger. Bolt enjoys this new freedom learning to be a simple dog, Mittens finds a new friend in her one-time captor.
They arrive in Las Vegas. It's a Shangri-la for stray pets. Food everywhere!

EXT. LAS VEGAS ALLEY WAY - MORNING
Rhino and Bolt are sleeping surrounded by scraps from their feast.

RHINO : (snoring)

MITTENS : (whispers) Hey. Hey, Bolt, wake up. (Bolt wakes) Come on. I've got a surprise for ya.

Mittens leads him around the corner and down another alley way.

EXT. VACANT LOT - MOMENTS LATER
Mittens leads Bolt through a fence in a vacant lot. His eyes are closed.

MITTENS : Okay, okay, no peeking! (then) Alright, now... open 'em!

Mittens has built two cardboard-box homes for them.

MITTENS : Huh!? Bask in the glow, baby.

BOLT : I... uh...

볼 트 : (황홀하여) 이렇게 신나는 건 처음이야. 너도 한 번 해보지 그래?

미튼스 : 아니… 괜찮아, 개나 재미 있지.

셋은 대륙을 횡단하여 여행한다. 미튼스는 볼트에게 막대 가져오기와 노는 법을 가르친다. 그들의 우정은 점점 강해진다. 볼트는 이 새로운 자유를 즐기면서 단순한 개가 된다. 미튼스는 우연히 인연을 맺은 한 개에게서 새로운 친구상을 발견한다.
그들은 라스베가스에 도착한다. 그곳은 떠돌이 동물에게는 지상낙원이다. 도처에 음식 천지다!

외부. 라스베가스 골목길 – 아침
라이노와 볼트는 자신들이 먹다 남은 음식 조각에 둘러싸인 채 자고 있다.

라이노 : (코를 곤다)

미튼스 : (속삭인다) 이봐. 볼트. 일어나봐. (볼트가 깨어나며) 일어나. 깜짝 놀라게 해줄 선물이 있어.

미튼스는 그를 모퉁이 근처로, 또 다른 골목길로 안내한다.

외부. 공 터 – 잠시 후
미튼스는 빈 터의 울타리로 그를 안내하는데 그의 눈은 감겨져 있다.

미튼스 : 좋아, 실눈 뜨기 없기야! (그리고는) 좋아, 이제… 눈 떠 봐!

미튼스는 그들이 살 두 채의 마분지 집을 지었다.

미튼스 : 자!? 우리의 스위트 홈이야.

볼 트 : 난… 어…

- **ecstatic**
  황홀한, 무아경의
  very happy, excited and enthusiastic; feeling or showing great enthusiasm
- **one-time**
  한때 …였던, 이전의, 한 번만의
  describing a previous state, often for the purpose of comparison. Bolt WAS Mittens' captor but now is not.
- **captor**
  매료자, 획득자, 체포자
  one who captures a person or an animal and keeps them as a prisoner
- **scrap**
  먹다 남은 것, 조각, 토막
  food left after a meal
- **snore**
  코를 골다, 코 골며 보내다
- **peek**
  엿보다, 살짝 들여다 보다
  to look at something quickly and secretly because you should not be looking at it

Zoom In

▪ Shangri-la

이 어휘는 제임스 힐의 소설 '잃어버린 지평선(Lost Horizom)'에 나오는 가상적인 이상향에서 유래한 말로 '유토피아, 지상 낙원, 생그릴라, 이상향'의 뜻으로 쓰인다. 평화의 땅이라는 의미도 있다.

▪ Bask in the glow.

bask는 '햇볕을 쬐다, 해바라기 하다, 햇볕을 즐기다'의 뜻이고 glow는 '불꽃 없이 타는 빛, 작열, 흐뭇한 만족감, 행복감'의 뜻이다. 따라서 이 표현은 겉으로는 "태양을 쪼이며 즐기자고."의 뜻이지만 내용상으로는 "마냥 행복감을 즐겨보자고."의 뜻이다.

MITTENS : Just, let me give you the grand tour, okay? This one? This one's mine and this one is all yours.

BOLT : Oh, Mittens, I...I...

MITTENS : Ooh, I found this really soft pillow thing for you. And get this, I found some Styrofoam and I stuffed it inside, which I thought was both kinda creative and ironic, You know what I mean?

BOLT : Mittens, I don't think—

MITTENS : Ooh! Ooh! Check it out!

She knocks away a pole holding up the box flap, and the flap shuts.

MITTENS : Total privacy! And completely soundproof.

BOLT : Yeah, well, I don't think that I—

MITTENS : Okay, I lied, it's not soundproof. But you know—

BOLT : Mittens, I can't stay here!

Mittens emerges, stunned.

MITTENS : What?

BOLT : We're one waffle away from Penny.

A long beat, as Mittens' face drops.

미튼스 : 일단 집구경을 하셔야지. 이거? 이건 내 집이고 이건 모두 네 집이야.

볼 트 : 오, 미튼스, 난…

미튼스 : 오, 이건 널 위해 준비한 아주 푹신한 베개야. 이것 봐, 스트로폼을 주워서 베개 속을 채웠어. 정말 기발하고도 역설적이지?

볼 트 : 미튼스, 마음은 고맙지만 –

미튼스 : 오! 이것 좀 봐!

그녀가 받침대를 치우자 상자가 팍 닫힌다.

미튼스 : 완벽한 혼자만의 공간이야! 완벽한 방음장치가 되지.

볼 트 : 그래, 하지만 나한텐 별로 –

미튼스 : 그래, 내가 거짓말했어. 방음장치는 아냐. 하지만 여긴 –

볼 트 : 미튼스, 난 여기 머물 수 없어!

미튼스는 어안이 벙벙해 나타난다.

미튼스 : 뭐라고?

볼 트 : 우린 지금 페니의 코앞까지 왔어.

긴 시간. 미튼스의 얼굴이 숙여진다.

▫ **stuff**
~에 채워 넣다, 채우다, 속을 채우다
to push something quickly and carelessly into a small space

▫ **flap**
(봉투, 호주머니 위의) 덮개, 펄럭거림

▫ **soundproof**
방음(의), 방음장치가 된
made so that sound cannot pass through it or into it

▫ **stun**
어리벙벙하게 하다, 대경실색게 하다
to surprise or shock somebody so much that they cannot think clearly or speak; to impress somebody very much

Zoom In

▪ Let me give you the grand tour.

grand tour는 '영국의 상류 계급 자녀의 유럽 주유 여행, 대여행'을 말하기도 하는데 또 '(건물, 전시회, 시설 등의) 가이드가 있는 시찰이나 견학'의 뜻도 있다. 여기서는 두 가지 다 의미할 수도 있다.

▪ We're one waffle away from Penny.

이 표현은 "우리는 페니로부터 아주 가까운 거리에 있다"는 것을 나타낸 말로 We're at a stone's throw from Penny.와 같은 말이다. 영화 속에 와플 식당이 자주 등장하므로 waffle을 써서 표현한 것이다.

MITTENS : You're still going back to her?

BOLT : Mittens, she's my person.

EXT. BILLBOARD LOT - MOMENTS LATER

Mittens drags Bolt along by the ear.

BOLT : Ow ow ow!! Ear! Ear! Ow ow!

She stops before a billboard displaying a poster from the show.

MITTENS : Look at me, Bolt. I'm real. (points to poster) Now how about this? Huh? Is that real? (points to Calico) Does this look real to you? Or that? Is that real? (points to helicopter) Or that? (points that Bolt's laser eyes) How about... (points to Penny) ... that, Bolt? She's an actress. She's just pretending.

BOLT : Not Penny.

MITTENS : There is no Penny. She's fake.

BOLT : No, you're wrong. She loves me.

MITTENS : No, no Bolt, that's what they do, okay? They act like they love you. They act like they'll be there forever. And then one day, they'll pack up all their stuff and move away and take their love with them. And leave their de-clawed cat behind to fend for herself!

미튼스 : 너 아직도 걜 찾고 싶어?

볼 트 : 미튼스, 페니는 내 주인이야.

외부. 광고 게시판 - 잠시 후

미튼스가 볼트의 귀를 잡아 끈다.

볼 트 : 아야, 아파! 내 귀! 내 귀! 아야!

그녀는 TV 드라마의 포스터를 보여주는 광고 게시판 앞에 선다.

미튼스 : 날 좀 봐, 볼트. 난 진짜야. (포스터를 가리킨다) 이제 이걸 보라고, 어? 이게 진짜냐? (칼리코 박사를 가리킨다) 이게 너한테 진짜처럼 보여? 진짜 같냐고? (헬리콥터를 가리킨다) 아님 저건? (볼트의 레이저 눈을 가리킨다) 어때… (페니를 가리킨다) 저거 말이야, 볼트? 잰 그냥 영화배우야. 그런 척 연기하는 거란 말이야.

볼 트 : 페니는 아니야.

미튼스 : 페니 같은 건 없어. 걘 가짜라고.

볼 트 : 아냐, 잘못 생각하는 거야. 페니는 날 사랑해.

미튼스 : 아니, 틀렸어 볼트. 인간들은 다 그런다니까, 알겠어? 널 사랑하는 척하지. 영원히 같이 있을 것처럼 굴어. 그러다가 어느 날 짐 다 싸가지고 이사가면서 사랑했던 마음도 다 가지고 가버려. 예쁘다던 고양이는 담장 뒤에 팽개쳐 두고 뒤도 안 보고 가버린다고!

▫ display

전시하다, 드러내다, 표시하다

to put something in a place where people can see it easily; to show something to people

▫ fake

가짜, 모조품, 사기꾼

a person who pretends to be what they are not in order to deceive people

▫ de-claw

발톱을 제거하다, 무력화하다

Zoom In

▪ They act like they love you.

구어체 표현으로 They act as if they love you.와 같은 의미이다. 이처럼 like는 접속사로 쓰여 '~하는 것 같이, 처럼'의 뜻이 된다.

· I cannot do it like you do.
  난 당신이 하듯 그렇게 할 수는 없다.

▪ fend for herself

fend는 '둘러막다, 방호하다, 막다, 울타리로 분리하다'의 뜻이며 뒤에 for oneself와 같이 쓰여 '스스로 꾸려가다, 부양하다'(to look after oneself without help from anyone else)의 뜻이 된다.

Bolt pauses and looks back at Mittens.

MITTENS : (drops her head) They leave her... wondering... what she did wrong.

BOLT : I'm sorry Mittens. But Penny is different.

MITTENS : Then go.

BOLT : Mittens I…

She turns her back to him.

MITTENS : Get outta here, Bolt! I never shoulda taken pity on you.

BOLT : Ah, Mittens...

MITTENS : Just get outta here, Bolt!

BOLT : You take care, Mittens.

He stands there for a beat then turns and walks away. Bolt heads down the street, back to Penny. Bolt finds his way to a gas station. He jumps into an open top trailer, and rides his lonely journey home.

EXT. LAS VEGAS ALLEY-WAY - LATER

MITTENS has gathered a small feast, but she can't bring herself to eat it. Sadly, she pushes it away. RHINO enters.

RHINO : Uuhhh... That Meat-Lover's Pizza is not loving me back at all.

MITTENS : Hey there, Rhino...

볼트는 멈추며 미튼스를 돌아본다.

미튼스 : (고개를 떨군다) 홀로 남겨진 채로… 생각하지… 내가 뭘 잘못했지?

볼 트 : 미안해 미튼스. 하지만 페니는 달라.

미튼스 : 그럼 가.

볼 트 : 미튼스 난…

그녀는 등을 돌린다.

미튼스 : 어서 꺼져, 볼트! 너한테 정을 주는 게 아닌데 그랬어.

볼 트 : 아, 미튼스…

미튼스 : 어서 꺼지라니까, 볼트!

볼 트 : 몸 조심해, 미튼스.

그는 잠시 거기 서 있다가 돌아서서 걸어간다. 볼트는 거리 아래로 향하며 페니에게 돌아간다.
볼트는 가다가 주유소에 들린다. 그는 열린 트레일러 속으로 뛰어올라 집으로 가는 외로운 여행을 떠난다.

외부. 라스베가스 골목길 - 그 후
미튼스는 작은 음식을 모아왔지만 그것을 먹을 수가 없다. 슬퍼서 음식을 치운다. 라이노가 들어온다.

라이노 : 어-어… 고기 피자 먹은 게 영 소화가 안 되네.

미튼스 : 잘 있었니, 라이노…

- **take pity on**
  ~을 불쌍히 여기다
- **gas station**
  주유소
  petrol station
- **feast**
  진수성찬, 대접
  a large or special meal, especially for a lot of people and to celebrate something
- **bring oneself to**
  ~할 마음이 나다

Zoom In

▪ Get outta here, Bolt!

구어체 표현으로 Get out of here!와 같은 표현이다. 물론 "꺼져! 여기서 나가!"의 뜻이지만 때에 따라 "그만해, 거짓말, 농담은 집어 치워" 등의 뜻으로 쓰일 때도 있다. 또 강조해서 Get the heck out of here.라고 말할 경우도 있다.

▪ You take care, Mittens.

물론 take care는 '조심하다, 처리하다'의 뜻으로 Take care of yourself.나 같다. 하지만 속어체에서는 작별의 인사로 쓰이기도 한다. 하지만 여기서는 You를 써서 You take care.라고 했으므로 "몸 조심해, 미튼스."의 의미라고 할 수 있다.

RHINO : (yawns) Morning, cat. Where's Bolt?

MITTENS : He's um... he's gone.

RHINO : Bolt... left?

MITTENS : Yeah... But he, uh, he instructed me to tell you that he, um... he had to face the Green-Eyed Man alone.

RHINO takes it in and without a word heads off.

MITTENS : Whoa... where are you goin'?

RHINO : To Bolt.

MITTENS : But— he doesn't need us anymore.

RHINO : Trust me, I've seen it a million times before. In the cold, dark night before the battle, when the steely fangs of evil are sharpened and poised to strike, the hero must go and face his greatest challenge alone. But if Bolt's taught me anything, it's that you never abandon a friend in a time of need. (rolling off) When your teammate's in trouble, you go. Whether they ask or not, you go. Not knowing if you're coming back dead or alive. You go.

MITTENS : He went the other way.

RHINO : You go, knowing how deep the shrapnel's gonna pierce your hide. You go...

라이노 : (하품 한다) 안녕, 야옹씨. 볼트는 어딨어?

미튼스 : 그는, 어… 떠났어.

라이노 : 볼트가… 떠났다고?

미튼스 : 그래… 하지만 볼트가, 어, 너한테 꼭 전해달라는 말이 있었는데… 자기 혼자서 녹색 눈 인간과 맞서야 한다고 말했어.

라이노는 그 말을 듣자 한마디 말도 없이 떠난다.

미튼스 : 아니… 너 어디 가는 거야?

라이노 : 볼트한테.

미튼스 : 하지만 – 볼트는 더 이상 우릴 원하지 않아.

라이노 : 날 믿어. 난 그 동안 수도 없이 보아왔어. 사악한 악의 무리들이 칼날을 세우며 공격하기 직전에 그 차갑고도 무서운 전쟁 전야 순간을 말이야. 영웅은 반드시 결전의 순간을 혼자 감당하겠다고 떠나지. 하지만 볼트가 내게 가르친 게 있다면, 그건 친구가 도움이 필요할 때 절대 모른 체하면 안 된다는 거야. (굴러가며) 언제든 동지가 곤경에 빠졌을 땐 가야 돼. 그가 도와달라고 요청하든 말든 무조건 가야 돼. 갔다가 살아서 돌아오지 못하더라고 가야 돼.

미튼스 : 그는 그 반대쪽으로 갔어.

라이노 : 간다, 죽음의 총이 나를 겨누고 있다고 해도 나는 간다…

instruct
지시하다, 명령하다, 알리다

take in
이해하다, 참으로 여기다, 흡수하다
to receive information and ponder it

fang
(육식 동물의) 송곳니, 독아
either of two long sharp teeth at the front of the mouths of some animals, such as a snake or dog

shrapnel
유산탄(의 파편)
small pieces of metal that are thrown outwards from an exploding bomb

pierce
꿰뚫다, 관통하다, 구멍을 뚫다
to make a small hole in something, or to go through something, with a sharp object

hide
피부, 짐승의 가죽

Key Expressions

204 Well I dunno, they do things like...

저, 그들이 ~ 같은 것도 하는지 모르겠네...

구어체에서는 발음이 나는 대로 줄여서 표현하는 경우가 많다. 한 마디로 속어 표현이다. I dunno. = I don't know. Whassup. = Wassup. = What's up. Howdy. = How do you do? 등 그 종류가 많다. I dunno.를 그냥 Dunno.라고 할 때도 있다. 특히 영화 속에서 이런 표현들을 자주 접할 수 있다. going to를 gonna로 get out of here를 get outta here,로 발음하는 것도 유사한 표현이라고 할 수 있다.

210 I've got a surprise for ya. 너한테 깜짝 놀라게 할 선물이 있어.

물론 I have a surprise for you. I got a surprise for you. 등도 가능하다. surprise는 보통명사로 쓰여 '뜻밖의 일(선물), 놀랄만한 사건(보도)'의 뜻이 된다. 생일 파티 때 놀래줄 작정으로 선물을 준비해 놓고 불을 껐다가 켜면서 "Surprise! Surprise!"를 외치는 경우가 많다. Surprise party는 기습파티(주빈은 모르게 음식을 마련하고는 갑자기 집을 방문하는 파티를 말한다.

210 Okay, okay, no peeking! 좋아, 좋아, 실눈 뜨지 마.

No peeking!은 "실눈 뜨지 마세요!"의 뜻이며 광고 문구에는 "쳐다보지 마세요."란 의미이기도 하다. 전자의 뜻으로는 Don't open your eyes slightly. Don't narrow your eyes. Don't open your eyes even a little bit! Don't squint your eyes.와 같은 의미이다. 이처럼 「no + 명사」, 「no + ~ ing」는 (~ 이 있어서는 안 된다, ~ 반대, ~ 금지, 무, 비) 등의 뜻이 된다.

212 which I thought was both kinda creative and ironic

관계대명사의 계속적 용법 구문이다. 여기서 which의 선행사는 앞 문장의 내용 전체를 가리킨다. 즉 and I thought it was both kinda creative and ironic가 바뀐 것이다. 여기서 it 대신 which가 들어갔기 때문에 선행사를 받으러 which가 앞에 쓰여 결국 I thought는 삽입절이 된 것이다. kinda는 kind of의 축약형이다.

214 Mittens drags Bolt along by the ear.

미튼스는 볼트의 귀를 잡아 끈다.

Mittens drags Bolt's ear along.과 같은 뜻으로 잡는다는 표현이 들어갈 때에는 「동사 + 목적어 + by the + 신체의 잡는 부분」으로 표현한다. catch, hold, take, seize 등의 동사가 잘 쓰인다.

· The policeman seized the man by the collar. 경찰은 그 남자의 목덜미를 잡았다.

216 I never shoulda taken pity on you.

널 불쌍히 여기지 않았어야만 했어.

구어체에서 과거를 나타내는 「should(could, would) have + P.P.」 구문에서 have를 줄여 a로 조동사에 붙여 쓴다. 물론 should've로 쓸 수도 있다.

· In fact we shoulda left an hour ago.
사실 우리는 한 시간 전에 출발해야 했다.

· You shoulda studied harder when you were young. 젊었을 때 더 열심히 공부했어야 했다.

Chapter 09

I Miss Bolt Very Much.

난 볼트가 무척 보고 싶어요.

할리우드에 도착한 볼트는 비둘기의 도움을 받아 페니가 있는 스튜디오로 간다. 곧 미튼스와 라이노도 도착한다. 하지만 페니 앞에는 대역으로 다른 개가 출연 중인데 그는 겁에 질려 그만 화재를 일으킨다. 실망한 채 발길을 돌리는 볼트 앞에 미튼스가 나타나 페니의 진실한 사랑을 알리고 페니가 위험에 처한 걸 알게 된 볼트는 그녀를 구하기 위해 화염 속으로 돌진한다

EXT. HOLLYWOOD HILLS - AFTERNOON

Bolt hops down from the truck and walks to the railing to find... THE HOLLYWOOD SIGN.

BOLT :	(to himself) Penny.
BLAKE :	No way!

Bolt turns to find THREE PIGEONS staring up at him in disbelief.

BLAKE :	Wow. Bolt! Really big fan of yours, brother. I'm Blake, this is my writing partner, Tom. Tom, say what's up.
TOM :	Whassup.
BILLY :	Wow!
TOM :	(under his breath) Oh no.
BLAKE :	Oh. And this is our personal assistant, Billy, who was supposed to wait up on the wire.

Billy is freaking out.

BILLY :	Bolt, I've admired you for such a long time, and there's something I've always wanted to tell you if I ever got a chance to meet you and now--
BLAKE :	Oh, okay, Billy, that was horrifying, what you just did. Why don't you make yourself useful, go get me some bread crumbs. Whole grain. Go.

Sadly, Billy trudges off.

외부. 할리우드 언덕 - 오후
볼트는 트럭에서 뛰어 내려 난간으로 걸어가… 할리우드 간판을 발견한다.

볼 트 : (혼잣말로) 페니.

블레이크 : 아니 이럴 수가!

볼트는 돌아서자 세 마리의 비둘기가 완전히 믿지 못하겠다는 듯이 그를 응시하는 걸 발견한다.

블레이크 : 와우. 볼트! 난 정말 네 열렬한 팬이야. 난 블레이크, 여긴 내 집필 파트너인 톰이야. 톰, 인사해.

톰 : 안녕.

빌 리 : 와우!

톰 : (목소리를 낮추며) 오 이런.

블레이크 : 오. 여긴 내 조수 빌리야. 원래 전기줄 위에서 기다리게 돼 있었는데.

빌리가 흥분하고 있다.

빌 리 : 볼트, 난 오랫동안 널 존경해왔어. 혹시라도 널 만난다면 꼭 할 말이 있었어.

블레이크 : 아, 알았어, 빌리, 부담 주는 행동하지 마. 그냥 가서 빵 부스러기나 주워 오는 게 어때? 통밀 빵으로 말야. 어서 가.

슬프게 빌리는 터덜터덜 떠난다.

assistant
조수, 보좌인, 보조자
a person who helps or supports somebody, usually in their job

freak out
흥분하다, 자제력을 잃다
if somebody freaks out or if something freaks them out, they react very strongly to something that shocks, angers, excites or frightens them

whole grain
정백하지 않은 빵

trudge
터덕터덕(터벅터벅) 걷다
to walk slowly or with heavy steps, because you are tired or carrying something heavy

Zoom In

▪ Say what's up.

"인사해."란 일상어이다. up은 구어로 '(일이) 생겨, 일어나'의 뜻이어서 What's up? 하면 "무슨 일이 일어났는가? 어찌된 일인가?"의 뜻이고, Is anything up?하면 "무슨 일이 있나? 무슨 일인가?"의 뜻이다.

▪ wait up

이 관용구는 구어체로 '자지 않고 사람을 기다리다, (다른 사람이) 따라붙을 때까지 멈추어 서서 기다리다'의 뜻이다.

· I was worried and waited up until they got home safe and sound. 나는 걱정이 돼서 그들이 안전하게 귀가할 때까지 자지 않고 기다렸다.

BLAKE : (yelling off) Whole wheat is not the same thing as whole grain, Billy!

TOM : It's not the same, Billy!

BLAKE : Do not come at me with whole wheat!

TOM : Or pumpernickel, Billy!

BOLT : Okay guys but I really got to get go—

BLAKE : I know you're busy, dog, but if you've got a second, we'd love to pitch you an idea for your show. Tom's better at pitching, I'll let him take it from here. Tommy's got the spotlight!

Bolt stares. Tom stands there, unmoving. He clears his throat.

BLAKE : Wait for it...

TOM : Aliens.

BLAKE : Oh snap!

BOLT : Aliens?

TOM : Audiences love aliens.

BLAKE : Holler back!

TOM : It'll be huge man. Huge.

BLAKE : You can't touch us!

Bolt hesitates, then...

블레이크 : (소리를 치며) 그냥 밀가루 빵하고 통밀 빵은 질적으로 다른 거 알지, 빌리!

톰 : 전혀 다른 거야, 빌리!

블레이크 : 밀가루 빵 가져오면 절대로 안 돼!

톰 : 아니면 호밀 빵이나, 빌리!

볼 트 : 얘들아 고마워 하지만 나 지금 가야 해 –

블레이크 : 너 바쁜 거 알지만, 잠깐만 시간 내어 주면 드라마에 도움이 될 아이디어를 얘기해주고 싶어. 그런설명은 톰이 더 잘해. 그럼 톰을 모셔볼까. 톰, 말씀하시죠!

볼트는 쳐다본다. 톰은 움직이지 않고 거기 선다. 그는 헛기침을 한다.

블레이크 : 기다려 봐…

톰 : 외계인들.

블레이크 : 아 멋지다!

볼 트 : 외계인들?

톰 : 사람들은 외계인을 좋아하거든.

블레이크 : 좋아 죽지!

톰 : 폭발적인 반응을 얻을 거야. 왕대박이지.

블레이크 : 완전히 뜨는 거지!

볼트는 주저한다. 그러다가…

- **whole wheat**
  밀기울을 빼지 않은 밀가루(빵), 통밀빵
- **pumpernickel**
  조제한 호밀 빵
  a type of heavy dark brown bread made from rye, originally from Germany and often sold in slices
- **pitch**
  이야기하다
  to try to persuade somebody to buy something, to give you something or to make a business deal with you
- **alien**
  외계인
  a creature from another world

Zoom In

▪ Tommy's got the spotlight!

직역하면 "톰이 스포트라이트를 받습니다!"의 뜻인데 "톰이 등장합니다! 톰이 주목을 받습니다!"의 의미로 보면 된다. the spotlight는 비유적 표현으로 '(세상의)주시, 주목'의 뜻이다.

▪ Holler back!

holler는 '고함지르다, 외치다'의 뜻이다. 원래 Holler back!은 미국 남부지역의 표현으로 Call me back! 또는 Contact me later! 라는 뜻으로 "나중에 전화해! 연락하라고!" 정도로 해석이 된다. holler는 holla라고도 하며 철자가 된다.

BOLT : Uh... I love it. But I'll tell you what. If you guys could help me find Penny, that girl from the television show, well, I'd love to hear more about this aliens idea, but, on the way.

The pigeons share a look.

TOM : We got a nibble.

BLAKE : Don't freak out. This is how you blew it with Nemo.

They take off.

TOM : Okay, we open exterior, outer space, late morning. We pan past a fiery comet to reveal Penny chained to an asteroid. She's being chased by a man-eating squid!

The two lead Bolt through the streets of Hollywood. Ducking between traffic, dodging around corners until they reach...

EXT. SOVEREIGN STUDIOS GATE
Out of breath, Bolt stares up at the gates. The pigeons finish up.

TOM : ...and as the tractor beam is pulling Penny towards the alien mother ship, we fade to black.

BLAKE : And we have a great pop song for the end credits!

볼 트 :	어… 맘에 들어. 하지만 너네들 말이야. 내 TV 드라마에 나오는 페니를 찾아준다면 생각해볼게. 사실 외계인 얘기 더 듣고 싶지만 그만 가봐야겠어.

비둘기들은 서로 쳐다본다.

톰 :	관심이 있는가 봐.
블레이크 :	너무 좋아하지 마. '니모' 때도 그러다가 망쳤어.

그들은 떠난다.

톰 :	얘기는 말야, 늦은 아침, 우주에서 시작돼. 불타는 혜성을 지나면 페니가 소행성에 묶여 있는 것처럼 보이지. 그녀는 식인 오징어에 의해 쫓기고 있어.

둘은 볼트를 할리우드 거리로 안내한다. 차들 사이로 몸을 피하고 모퉁이 이리저리 몸을 비키며 나아가 마침내 그들은 도달하는데…

외부. 소버린 엔터테인먼트 문
숨이 찬 볼트는 문을 올려다 본다. 비둘기들도 도착한다.

톰 :	…그리고 외계인 우주선에서 레이저 빔이 나와 페니를 우주선으로 빨아들이면서 영화가 끝나.
블레이크 :	그리고 엔딩 크레딧이 흐를 때 멋진 팝송도 나와!

nibble
입질, 마음에 있는 듯한 기색

blow
좋은 기회를 놓치다, 실패하다

comet
(천문) 혜성
a mass of ice and dust that moves around the sun and looks like a bright star with a tail

asteroid
소행성
any one of the many small planets which go around the sun

squid
오징어
a sea creature that has a long, soft body and ten short arms around its mouth, and that is sometimes used for food

dodge
날쌔게 비키다, 이리저리 몸을 피하며 나아가다

Zoom In

▪ Don't freak out.

이 표현은 구어체에서 자주 사용하는 표현으로 "흥분하지 말아."의 뜻이다. Don't stress out!와 동의어로서 아주 격식 없이 사용하는 표현이다.

· I totally freaked out. 난 정신이 하나도 없었어.

▪ This is how you blew it with Nemo.

blow it은 구어체로 '실수하다'란 뜻이다. 명령문으로 써서 Blow it!하면 "제기랄!"의 뜻이다. 뒤에 with가 같이 쓰이면 '~로 실수하다'란 뜻이다.

· Don't blow it with drugs. 약으로 실수하지 마라.

TOM : Talk to your people, we're ready to move on this!

Bolt is lost in thought. He stares up at the studio water tower. On the side is a picture of Penny and himself

BLAKE : He's so on board!

EXT. HOLLYWOOD SIGN

Rhino and Mittens arrive.

RHINO : There it is. The most terrifying place on Earth!

EXT. STUDIO LOT

Bolt wanders the back lot. All around him are posters and billboards advertising the show.

EXT. SOVEREIGN STUDIOS GATE

Mittens and Rhino arrive. They too look up at the tower.

RHINO : At long last! We've arrived! At the belly of the beast. The lair of the Green-Eyed man!

Rhino laughs with murderous glee and races through the gates onto the lot. Mittens chases after him.

MITTENS : Rhino! Hold up! Hold up!

RHINO : What? What? What's the problem? I'm I'm... I'm pumped!

Mittens looks at her deluded friend, realizing what she must do...

톰 : 제작사 사람들한테 말 좀 잘해 줘, 준비가 잘 되어 있으니까!

볼트는 생각에 잠겨 있다. 그는 스튜디오의 급수탑을 올려다 본다. 옆 쪽으로 페니와 자신의 그림이 있다.

블레이크 : 볼트가 관심이 있는가 봐!

외부. 할리우드 간판
라이노와 미튼스가 도착한다.

라이노 : 저기 있다. 지상에서 가장 살벌한 동네!

외부. 스튜디오
볼트는 뒤쪽 마당에서 서성거린다. 그 주위로 온통 드라마를 선전하는 포스터와 광고 게시판이 있다.

외부. 소버린 엔터테인먼트 문
미튼스와 라이노가 도착한다. 그들 또한 급수탑을 올려다본다.

라이노 : 드디어! 도착했어! 악당의 소굴에. 여기가 바로 녹색 눈 인간의 소굴이야!

라이노는 잔인한 기쁨에 젖어 웃고는 문을 통과해 마당으로 달린다. 미튼스는 그를 따라 추격한다.

미튼스 : 라이노! 기다려! 기다리라고!

라이노 : 뭐야? 무슨 일인데? 나 지금… 흥분했어!

미튼스는 착각하고 있는 친구를 바라보며 그가 뭘 해야만 하는지를 깨닫는다.

▫ **lair**
소굴, 은신처, 굴
a place where a wild animal sleeps or hides; a place where somebody goes to hide or to be alone

▫ **murderous**
잔인한, 지독한, 살인적인
intending or likely to murder

▫ **glee**
환희, 기쁨
a feeling of happiness, usually because something good has happened to you, or something bad has happened to somebody else

▫ **delude**
속이다, 착각하게 하다
to make somebody believe something that is not true

Zoom In

▪ He's so on board!

on board는 '배 위에, 비행기 안에, 차 안에'의 뜻이다. 여기서는 "그가 승선했다!"는 뜻이므로 비둘기들의 사탕발림에 볼트가 마침내 미끼를 물었다는 뜻으로 하는 표현이다. 물론 여기서 so는 강조의 표현이다.

▪ I'm pumped!

pump는 '헐떡이게 하다, 지치게 하다, 불어넣다'의 뜻으로 I'm pumped!하면 속어로 "나 지금 흥분했어!"(I'm excited! I'm psyched!) 즉 I'm filled with enthusiasm and excitement의 의미로 쓰인다. 또 "나 지금 화났어!" 등의 뜻으로 도 쓰인다.

MITTENS : Listen, uh... this may be really hard for you to understand but, you see, sometimes things aren't what they seem to be. I mean, sometimes you think something's really real and it's not...

Rhino isn't listening. He has spotted a black-clad extra from the show sipping a tea and reading Variety next to a sandwich truck.

RHINO : All of my training has prepared me for this moment. Die! Die! Die!

Rhino charges at the extra's feet in attack mode.

RHINO : Prepare yourself foul man-beast, for I will beat your pancreas with your spleen, and then...

The shock trooper picks up Rhino.

RHINO : I will rip your liver out of your—

We cut out and hear adorable hamster chirping as the Shock Trooper admires Rhino.

SHOCK TROOPER EXTRA : (Laughs adoringly) You are so cute with your little whiskers! Oh I had a hamster just like you when I was a kid. His name was Mister Sparkles! You look like Mr. Sparkles!

미튼스 : 있잖아, 어… 이건 정말 네가 이해하기 힘들겠지만… 때론 세상사가 보이는 게 다가 아닐 때도 있는 거야. 때론 진짜라고 생각했던 게 아닐 때도 있다는 거지.

라이노는 듣고 있지 않다. 그는 드라마에 출연하기 위해 까만 옷을 입은 엑스트라 한 명이 샌드위치 트럭 옆에서 차를 마시며 잡지를 읽고 있는 것을 목격한다.

라이노 : 그간의 힘든 훈련은 이 모든 순간을 위해 준비한거야. 죽어! 죽어! 죽어라!

라이노는 공격 형태로 그 엑스트라의 발을 공격한다.

라이노 : 각오해라, 이 천하의 비겁한 악당아, 내가 널 죽도록 패준 뒤에는…

그 격투 부대원은 라이노를 집어 든다.

라이노 : 널 묵사발로 만들어 주고 말 테다.

그 격투병이 라이노를 칭찬할 때 귀여운 햄스터가 짹짹 우는 소리가 들린다.

격투병 엑스트라 : (홀딱 반해 웃는다) 되게 귀엽네, 이 수염 좀 봐! 어렸을 때 너 같은 햄스터를 키웠는데, 이름이 미스타 스파클이었어! 넌 스파클을 닮았구나!

- **black-clad**
  검은 옷을 입은
- **pancreas**
  췌장, 이자
  an organ near the stomach that produces insulin and a liquid that helps the body to digest food
- **spleen**
  비장, 지라
  a small organ near the stomach that controls the quality of the blood
- **liver**
  간장
  a large organ in the body that produces bile and cleans the blood
- **chirp**
  짹짹 울다, 새된 목소리로 말하다
  to make short, high sounds

Zoom In

▪ This may be really hard for you to understand.

부정사의 의미상 주어는 보통 그 앞에 「for + 목적격」을 써서 표시한다. 이 문장은 It may be really hard for you to understand this.와 뜻은 같지만 예문은 this가 주어로 쓰여 강조되는 구문이다.

▪ Things aren't what they seem to be.

「what + S + be 동사」는 주어의 상태, 됨됨이 등을 나타낸다. 따라서 예문의 의미는 "만사가 그럴 것처럼 보이는 것과는 다르다.", 즉 "세상사란 것이 보이는 게 다가 아니다."란 의미가 된다.

A truck rolls past with a helicopter on it. Mittens watches it pass. Reveal behind it the BOLT soundstage. Mittens races toward it.

INT. SOUNDSTAGE

Bolt enters the stage and sees his trailer. The door is open, he runs inside. Penny kept all their pictures, still hanging on the wall. At Bolt's feet lies Mr. Carrot. He grabs it in his mouth and plays. Suddenly he hears Penny calling for him.

PENNY : Bolt!?

Bolt runs out of his trailer towards the voice. He sees her! Penny! She's just down the hallway.

PENNY : (gasp!) You're okay!

They run toward each other, happy, when...
ANOTHER DOG races into her arms. He looks exactly like Bolt.
Same white coat. Same lightning symbol.
Penny hugs NEW BOLT close as he licks her face.

PENNY : Oh Bolt! I thought I lost you! (then) You're my good boy.

PENNY and the NEW BOLT rub heads and she kisses him, just as she had done so many times with BOLT.
Penny hugs New Bolt. She is visibly distraught. A whistle blows. New BOLT barks happily and runs to his trainer.

TRAINER : Good boy!

Mindy crosses the scene.

MINDY : Okay, people. Let's move it to Stage 7 and do it for real.

트럭 한 대가 헬리콥터를 싣고 지나간다. 미튼스는 트럭이 지나가는 것을 지켜본다. 그 뒤에 볼트의 방음 스튜디오가 보인다. 미튼스는 그것을 향해 달려간다.

내부. 방음 스튜디오

볼트는 무대에 들어와 자신의 트레일러를 본다. 문이 열려 있고 그는 안으로 뛰어 들어간다. 페니는 그들 사진 모두를 아직도 벽 위에 걸어놓은 채 간작하고 있다. 볼트의발치에는 당근 인형이 놓여 있다. 그는 그것을 입으로 물고 논다. 갑자기 페니가 자기를 부르는 소리가 들린다.

페 니 : 볼트!?

볼트는 트레일러를 나와 그 목소리를 향해 달린다. 그는 페니를 본다! 페니! 그녀는 바로 복도 아래에 있다.

페 니 : (헐떡인다!) 너 무사했구나!

그들은 서로를 향해 달려 간다. 기뻐서. 그때…
또 다른 개가 그녀 품으로 달려들어 간다. 그는 볼트와 아주 똑같이 생겼다. 털도똑같이 흰색이다. 번개 심벌도 똑같다.
페니가 새로운 볼트를 껴안자 그는 페니의 얼굴을 핥는다.

페 니 : 오 볼트! 널 잃어버린 줄 알았어! (그리고는) 넌 착한 내 강아지야.

페니와 새 볼트는 머리를 서로 비비고 그녀는 그에게 입을 맞춘다. 그녀가 볼트에게 아주 많이 했던 것과 아주 똑같다.
새 볼트를 껴안는다. 그녀는 눈에 보이게 정신이 혼란스럽다. 호각이 울린다. 새 볼트는 즐겁게 짖으며 자신의 조련사에게 달려간다.

조련사 : 잘했어!

민디가 그 장면을 지나 건너간다.

민 디 : 아, 여러분. 이제 7번 스튜디오에 가서 본 촬영 합시다.

▫ **hug**
포옹하다, 껴안다
to put your arms around somebody and hold them tightly, especially to show that you like or love them

▫ **lick**
핥다
to move your tongue over the surface of something in order to eat it, make it wet or clean it

▫ **distraught**
정신이 혼란하여
extremely upset and anxious so that you cannot think clearly

Zoom In

▪ I thought I lost you!

시제의 일치란 법칙으로 볼 때 잃어버린 것이 먼저니까 I thought I had lost you!라고 하는 것이 원칙이나 보통 구어체에서는 그대로 과거형을 쓸 때가 많다.

· I thought he was killed in the war.
난 그가 전쟁에서 사망했다고 생각했다.

▪ do it for real

물론 Let's do it for real.의 뜻이다. real은 명사로 '현실, 실물, 실재, 진실' 등의 뜻이고 for real하면 구어체로 '실제로, 진짜의, 정말의' 의 의미이다. do에는 '(영화를) 제작하다, 촬영하다'의 뜻이 있다. 따라서 전체적으로는 "실물 촬영을 합시다."란 뜻이 된다.

Crying, PENNY walks to her mother. MOM hugs her daughter close.

PENNY : I miss him.

MOM : I know, honey. I do too.

They exit, revealing MITTENS in the catwalk behind. She has seen everything.

ASSISTANT DIRECTOR: First positions, please.

Mittens races off.

EXT. STUDIO GATE - MOMENTS LATER

Bolt walks, aimless and broken, out into the Los Angeles streets.

INT. SOUNDSTAGE - CONTINUOUS

The soundstage is being prepped for the day's shoot. On the stage floor, PENNY is strapped into a harness-, and flycable.

CREW MEMBER : Okay, hold still for me sweetie.

EXT. STUDIO GATE - CONTINUOUS

Bolt walks past a billboard from the show. He is just a shadow below it. He stops at the end of the street and slumps against a wall.

INT. SOUNDSTAGE - CONTINUOUS

The crew is getting ready to shoot.

CREW MEMBER : 15, take one. Mark!

DIRECTOR : And... action.

The scene begins with a dramatic spotlight shining down on DAD who is tied to a chair. Behind him, an elevator door opens and out steps DR. CALICO. Calico approaches the bound Dad...

울면서 페니는 엄마에게 걸어간다. 엄마는 딸을 꼬옥 안아준다.

페 니 : 볼트가 보고 싶어요.

엄 마 : 안다, 아가야. 나도 보고 싶단다.

그들은 나가고 뒤쪽에 좁은 무대에서 미튼스가 나타난다. 그녀는 모든 것을 다 봤다.

조감독 : 자기 위치 잡아주세요.

미튼스가 달려간다.

외부. 스튜디오 문 - 잠시 후
볼트가 정처 없이 걸어가 LA 거리로 접어든다.

내부. 방음 스튜디오 - 계속
방음 스튜디오는 낮 촬영을 위해 준비가 진행되고 있다. 무대 바닥에서 페니는 벨트와 비행 케이블로 묶여 있다.

스태프 : 됐어, 움직이지 마.

외부. 스튜디오 문 - 계속
볼트는 드라마의 광고 게시판을 지나 걷는다. 그는 허상과 같은 존재다. 그는 거리 끝에 서서 벽에 쿵 스러진다.

내부. 방음 스튜디오 - 계속
직원들이 촬영을 준비하고 있다.

스태프 : 신 15, 첫 번째. 마크!

감 독 : 준비… 액션.

장면은 의자에 묶여 있는 아빠에게 극적으로 스포트라이트가 비치면서 시작된다. 그 뒤에서 엘리베이터 문이 열리며 칼리코 박사가 걸어 나온다. 칼리코 박사는 묶여 있는 아빠에게 다가가는데…

- **prep**
  준비를 시키다
  to prepare somebody/something

- **harness**
  장치, 작업 설비
  a set of leather or fabric straps and hardware rigged to restrain or keep from falling

- **bound**
  묶인, 결박 당한

Zoom In

▪ Hold still for me sweetie.

물론 구두점을 사용해서 Hold still for me, sweetie.로 하면 더 좋다. still은 형용사로 '조용한, 정지한, 움직이지 않는'의 뜻이다. hold still(가만히 있다, 움직이지 않다)은 stand still과 같은 표현이다.

▪ The crew is getting ready to shoot.

be와 get의 차이는 get은 동작을 강조하고 be는 상태가 강조되는 점에 있다. 즉 be used to는 '~에 익숙하다'이고 get used to는 '~에 익숙해 지다'는 뜻으로 become used to의 의미가 된다.

CALICO : Ah, Professor... I'd like to thank you for granting us access to that labyrinthine mind of yours.

DAD : You know I'd never do such a thing.

CALICO : Unless it was the only way to save your little girl's life!

Penny dangles high over the stage floor. Below her is a pit of "fire."

DAD : Penny!

PENNY : Daddy! (then) Bolt! Here Bolt!

CALICO : Your dog is nowhere near... (looks at elevator)

SMASH!
The elevator walls explode outward. In the wreckage stands the FAKE BOLT.

CALICO : Get that dog!

FAKE BOLT growls at his adversaries. They lunge toward him, shock-gloves sparking.

SHOCK TROOPERS 1 & 2 : Yah!

The confidence is instantly gone from the dog's face. The trainer tries to coax him along.

TRAINER : Go. Go.

FAKE BOLT is frantic. He jumps from the platform knocking over the the torches, and igniting a fire on the set.

칼리코 : 아, 교수님… 당신의 그 복잡한 연구 성과를 우리에게 나눠준다면 더할 나위 없이 고맙겠소.

아 빠 : 그럴 생각은 추호도 없다.

칼리코 : 사랑하는 딸을 살리기 위해서라면 그 방법 밖에는 없다고 생각하는데!

페니는 무대 바닥 높은 곳에 매달려 있다. 그녀 밑에는 "불"의 구덩이가 있다.

아 빠 : 페니!

페 니 : 아빠! (그리고 나서) 볼트! 도와줘 볼트!

칼리코 : 네 개는 여기 없어… (엘리베이터를 바라본다)

쾅!
엘리베이터 벽이 터진다. 잔해 속에 가짜 볼트가 서 있다.

칼리코 : 저 개를 잡아라!

가짜 볼트는 적들에게 으르렁거린다. 그들은 전기 쇼크 장갑을 번쩍이면서 그를 향해 달려든다.

격투병 1 과 2 : 야!

개의 얼굴에서 자신감이 즉각 사라진다. 조련사는 그를 달래려고 노력한다.

조련사 : 가. 어서.

가짜 볼트는 극도로 흥분한다. 그는 플랫폼에서 껑충 뛰어 횃불을 치고 세트장에 화재를 일으킨다.

- **labyrinthine**
  미로와 같은, 복잡한, 미궁의
- **adversary**
  적, 반대자, 상대편
  a person that somebody is opposed to and competing with in an argument or a battle
- **confidence**
  배짱, 대담함
  a belief in your own ability to do things and be successful; the feeling that you are certain about something
- **coax**
  구슬려 ~ 시키다, 달래다
  to persuade somebody to do something by talking to them in a kind and gentle way
- **frantic**
  극도로 흥분한, 미친 사람 같은

Zoom In

▪ granting us access to

grant는 '(탄원, 간청 등을) 승인하다, 허가하다, 들어주다'의 뜻으로 간접목적어와 직접목적어를 취할 수도 있는 동사다. 따라서 access는 직접목적어가 된다. access는 '(자료 등의) 입수, 이용, 이용할 권리, 통로' 등의 뜻으로 전치사 to가 따른다.

▪ You know I'd never do such a thing.

여기서 'd는 would의 준 표현으로 I would never do such a thing이 된다. 여기서 would가 과거시제이지만 현재의 고집, 거부, 의지, 주장 등도 나타낸다. 따라서 주절의 시제와는 상관 없는 표현이다.

CREW WALLA : Fire! Fire! Fire! There's fire!

EXT. OUT FRONT OF THE STUDIO - CONTINUOUS

Bolt wanders aimlessly, head down, lost. Behind him, he hears...

MITTENS : Hey! Wags!

Bolt turns and looks up. Sitting on the studio wall...

BOLT : Mittens?! What are you doing here?

MITTENS : Eh, long story short, I was tied to a delusional dog and dragged across the country.

She jumps from the wall and stands before her friend.

MITTENS : But that is not important now. The real question is what are you doing here? And why aren't you in there?

BOLT : You were right about her, Mittens. She... uh... well, it wasn't real.

MITTENS : No, Bolt. It is real. I was in there just now. I saw her face after you left. She's broken-hearted. She doesn't want just any dog. She loves you. She's your person, Bolt. And you are her dog.

Bolt turns away.

스텝 관계자 : 불이야! 불이야! 불이야! 불이 났다고!

외부. 스튜디오 바깥 쪽 – 계속

볼트가 고개를 떨구고, 아무런 생각도 없이, 하염없이 방황한다. 그의 뒤에서는 누군가 부르는데…

미튼스 : 이봐! 멍멍 씨!

볼트가 돌아서 올려다 본다. 스튜디오 벽 위에 앉아 있는…

볼 트 : 미튼스?! 니가 여기 웬일이냐?

미튼스 : 에, 긴 얘기 간단히 말하자면, 과대망상증 개한테 묶여져 전국을 한 바퀴 돌았지.

그녀는 벽에서 뛰어내려 친구 앞에 선다.

미튼스 : 하지만 지금은 그게 중요한 게 아냐. 정말 중요한 질문은, 너는 지금 여기서 뭐하고 있는 거야? 왜 촬영장에 안 있는 거야?

볼 트 : 네 말이 옳았어, 미튼스. 페니는… 어… 진짜가 아니었어.

미튼스 : 아냐 볼트. 그건 진짜야. 나 방금 저 안에 있었거든. 네가 떠난 후 페니 얼굴을 봤어. 정말 슬퍼하더라. 페니는 다른 개를 원한 게 아냐. 진심으로 널 사랑해. 페니가 네 주인이야, 볼트. 그리고 넌 페니의 개이고.

볼트는 돌아서 간다.

- **walla**
  …관계자, (일에 동원되는) 사람
  wallah the unintelligible din of voices heard in a crowd, created specifically for theatrical productions
- **aimlessly**
  목표 없이, 막연하게
- **aimless**
  (이렇다 할) 목표(목적) 없는
  having no direction or purpose
- **delusional**
  착각(망상)에 빠진, 잘못된 생각을 하는
- **delusion**
  현혹, 기만, 환상
  a false belief or opinion about yourself or your situation

Zoom In

▪ The real question is what are you doing here?

원래는 The real question is what you are doing here.가 원칙이나 의문문을 그대로 써서 생생한 장면을 연출하고 있다. 즉 이는 묘출화법으로 뒤에 물음표가 붙은 것도 그런 이유에서다.

▪ She's broken-hearted.

"그녀는 지금 상심하고 있다."의 뜻이다. Her heart is(has been) broken.의 뜻으로 원래 broken-hearted는 붙여 써서 '상심한, 비탄에 잠긴, 실연한'의 뜻이다. heart-broken이라고도 한다.

MITTENS : Bolt, you're just going to have to trust me on this.

BOLT : Mittens, be quiet.

MITTENS : No, you need to hear this.

BOLT : Seriously, be quiet.

Something has caught his attention.

MITTENS : What is it?

BOLT : (gasp) Penny.

INT. SOUNDSTAGE

Penny dangles from the rope on the set. The fire licks at her feet.

PENNY : Help! Please help! Help!

It's pandemonium. The fire creeps toward Penny, who remains bound high above... helpless... alone...

CREW MEMBER : Hold on!

PENNY : Over here! Please help!

Actors and crew race forward to help, but they are blocked by the inferno. Ash and burning embers fall on Penny. She looks down, sees the air-bag and gets an idea, she STRUGGLES to unbuckle her safety harness. She unlatches it and falls to the air-bag and safety mat below.

EXT. LOT

Smoke is pouring out of the soundstage; the lot is a pandemonium. Rhino is still in the extra's grasp.

SHOCK TROOPER EXTRA : Look at your little paws! Huh!

Oh my gosh, the stage!

미튼스 : 볼트, 제발 이번엔 내 말을 믿어야만 할 거야…

볼 트 : 미튼스, 조용히 해봐.

미튼스 : 아냐, 이 말은 꼭 들어야 돼.

볼 트 : 농담 아냐, 조용히 해.

뭔가가 그의 주의를 끌었다.

미튼스 : 왜 그래?

볼 트 : (헐떡이며) 페니야.

내부. 방음 스튜디오

페니는 세트장에서 밧줄에 매달려 있다. 그녀 발치에서 불길이 춤을 춘다.

페 니 : 도와줘요! 제발 도와줘요! 살려줘요!

그건 아수라장이다. 불길은 페니를 향해 피어오르는데 페니는 위쪽에 묶인 채… 무력하게… 홀로…

스 탭 : 기다려.

페 니 : 여기요! 제발 살려주세요!

배우들과 스텝들이 그녀를 돕기 위해 달리지만 불길에 의해 막힌다. 재와 불티가 페니에게 떨어진다. 그녀는 아래를 보다가 공기주머니를 발견하고 생각이 떠올라, 안전 장치를 풀려고 애를 쓴다. 그녀는 안전 벨트를 끄르고는 안전 매트 위에 떨어진다.

외부. 스튜디오 마당

방음 스튜디오로부터 연기가 쏟아져 나오고 마당은 아수라장이다.
라이노는 여전히 그 엑스트라의 손아귀에 있다.

격투원 엑스트라 : 예쁜 발 좀 봐! 허! 촬영장 맙소사!

▫ **lick**
날름거리다

▫ **pandemonium**
복마전, 수라장, 지옥
a situation in which there is a lot of noise, activity and confusion, especially because people are feeling angry or frightened

▫ **inferno**
지옥
a very large dangerous fire that is out of control

▫ **ember**
깜부기불, 잿불
a piece of wood or coal that is not burning but is still red and hot after a fire has died

▫ **unlatch**
빗장을 풀다, 죔쇠를 끄르다

Zoom In

▪ You're just going to have to trust me on this.

trust는 목적어 다음에 on(~에 대해)이 오기도 한다. be going to는 뒤에 have to 같은 조동사 표현도 사용할 수가 있다. 즉 You'll just have to trust me on this.이기 때문이다.

▪ Mittens, be quiet.

그냥 "조용히 해라."의 가장 일반적인 말이 Be quiet.다. Shut up.은 좀 거칠고 Keep your voice down. Can you keep it down? Be silent. 등이 있다.

· Be quiet! Our baby is sleeping!
조용히! 아기가 자고 있어!

The extra runs off.

RHINO : Yeah! You better run!

Bolt and Mittens come running by. RHINO takes off with them.

RHINO : I'm on your six!

MITTENS : What do we do?!

BOLT : Just make sure I get inside that building!

They sprint toward the stage when Bolt accidentally SLAMS into the fleeing agent.

AGENT : (falling) Aahh! Bolt?

Bolt doesn't stay. He is thinking only of PENNY and will not be deterred. He races off.

엑스트라는 달려간다.

라이노 : 그래! 달아나는 게 좋을 거다!

볼트와 미튼스가 뛰어 지나간다. 라이노는 그들과 함께 달린다.

라이노 : 내가 널 지켜줄게!

미튼스 : 어떻게 하지?

볼 트 : 내가 저 건물 안으로 들어가야만 돼!

그들은 촬영장으로 달려가다가 우연히 볼트가 도망 가는 매니저와 쾅 부딪친다.

매니저 : (넘어지며) 아! 볼트?

볼트는 지체하지 않는다. 그는 오직 페니만을 생각하며 단념하지 않을 거다. 그는 달린다.

deter

단념시키다, 그만두게 하다, 못하게 막다

to make somebody decide not to do something or continue doing something, especially by making them understand the difficulties and unpleasant results of their actions

Key Expressions

226 No way! 아니, 이럴 수가!

사실 구어체에서 쓰이는 No way.는 상황에 따라 뜻이 다양하다. 원래는 강한 거절이나 반대를 나타낼 때 쓰는 표현으로 단순히 No!라고 말하는 것보다 뜻이 강하다. There is no way~라는 말의 생략형인 셈이다. 대체로 "절대로 안 돼., 어림도 없어, 필요 없어, 천만의 말씀, 싫다." 등의 뜻이지만 No!의 뜻에 있는 것 같이 "(놀람, 의문 등을 나타내어) 설마! 저런!" 등의 뜻이 되기도 한다.

· No way! I don't believe it! 설마! 믿을 수가 없군!

226 Really big fan of yours, brother. 형씨, 난 정말 당신의 열렬한 팬이야.

원래는 I'm really a big fan of yours.인데 이중 소유격으로 표현하여 a big fan of yours로 했다. 즉 소유격과 소유물 사이에 관사, this, that, some, any, no 등을 같이 쓸 때에는 소유격은 of 뒤로 가야만 한다.

· Please bring that book of his to me. 그의 저 책을 나에게 갖다 주시오.
· A friend of mine sent me a letter saying the war ended at last.
친구 하나가 마침내 전쟁이 끝났다고 편지를 보냈다.

228 Tom's better at pitching. 이야기는 톰이 더 잘 해.

be good at(~을 잘하다, 능숙하다, 적임이다)에서 good의 비교급인 better가 쓰인 것이다. pitch는 '이야기하다, 이야기 등을 조정하다'의 뜻이다. 전치사 in이 쓰이기도 한다.

· He is better at languages. 그는 언어에 더 능숙하다.
· She is not good at English conversation. 그녀는 영어 회화에 능숙하지 못하다.

230 I'll tell you what. 실은 말이야.

이 표현은 보통 어떤 제안이나 정보를 말할 때 "저 말이야, 이야기할 게 있는데, 실은 말이야." 등의 뜻으로 쓰며, 때로 Tell you what.으로 말하기도 한다.

- I'll tell you what. Let's play tennis first. 이렇게 하자. 테니스를 먼저 치는 거야.
- I'll tell you what, this is all about your money. 실은 말이야, 네 돈 문젠데 말이야.

246 You better run! 달아나는 게 좋을 거다!

You had better run. You'd better run.과 같은 뜻으로 구어체에서는 had를 보통 생략할 때가 많다. 물론 〈had better + 동사원형, better + 동사원형〉은 '~하는 것이 낫다(좋다)'의 뜻이다. 부정은 〈had better not + 동사원형〉이다. better 대신 best가 쓰이기도 한다. 〈had best + 동사원형〉

- You better run. = It would be better for you to run. = You'd be better to run. = Your best plan would be to run.
- We better get going now. 이제 그만 가는 게 좋겠어.

246 I'm on your six! 내가 널 지켜줄 게!

이 표현은 시계에서 유래된 것으로 I'm behind you.(네 뒤엔 내가 있어.)란 뜻이다. 즉 시계에서 12시의 반대는 6시이다. 그러니까 12시를 바라볼 때 뒤쪽 혹은 반대편에 내가 있다는 의미에서 유래된 표현으로 다소 생소한 느낌이다.

- Don't worry about the lion. I'm on your six.
  사자는 걱정 마. 내가 네 뒤에 있어.

Chapter 10

You're My Good Boy, Bolt.

넌 내 착한 강아지야, 볼트

볼트는 미튼스와 라이노의 도움으로 단신 불타는 건물 안으로 달려가 마침내 페니와 극적으로 조우한다. 하지만 불길 속에서 페니는 쓰러지고 곁을 지키던 볼트는 기지를 발휘해 통풍구로 짖어대어 밖의 소방대원에게 위치를 알려 마침내 구조된다. 페니와 볼트는 예정대로 촬영을 마치고 아름다운 농가에서 미튼스와 라이노와 함께 행복하게 살아간다.

EXT. SOUNDSTAGE

In front of the large double doors, people come screaming out of the soundstage side door, smoke billowing behind them.
The Thug stumbles out of the darkness. The FEMALE FIRE MARSHAL rushes to help him.

FEMALE FIRE MARSHAL : Is anyone still in there?

CREW MEMBER : (coughing) I don't know.

She turns to enter the building, but a sudden blaze forces her to scramble for safety.

FEMALE FIRE MARSHALL : Get back!

RHINO : Coming through!

Rhino sprints to the door, but as he passes, flaming debris falls, blocking the entrance and trapping his ball underneath. His plastic world begins to crack.

RHINO : It's a good day to die!

Mittens looks for a way to open the ball...

MITTENS : Not on my watch, rodent!

She gets the ball open, grabs the hamster and leaps out of the way.

MITTENS : Agghhh!!!! Oof!

Bolt slides through the space and into the stage just as Rhino's ball shatters and the door is blocked. Only Bolt and Penny are inside now.

외부. 방음 스튜디오

커다란 이중 문 앞이다. 방음 스튜디오 옆문에서 사람들이 비명을 지르며 나오는데 연기가 그들 뒤에서 소용돌이 친다.
그 악당은 어둠속에서 비틀거리며 나온다. 여성 소방서장이 그를 도우러 달려간다.

여성소방서장 : 아직도 안에 누가 있나요?

스 텝 : (기침을 하며) 몰라요.

그녀는 건물에 들어가기 위해 돌아서지만 갑작스런 화염 때문에 안전을 위해 그녀는 급히 피할 수 밖에 없다.

여성소방서장 : 물러 서!

라이노 : 라이노 나가신다!

라이노는 문으로 달려가지만 그가 막 지나갈 때 불타는 파편들이 떨어지며 입구를 막으려 하자 그의 공을 아래에 가두어버린다.

라이노 : 죽기에는 딱 좋은 날이구나!

미튼스가 공을 여는 방법을 찾는다.

미튼스 : 내가 있는데 왜 죽냐!

그녀는 그 공을 열어서는 햄스터를 잡아 튄다.

미튼스 : 아 -아!!! 우 -우!

라이노의 공이 산산이 부서질 바로 그때 볼트는 그 틈으로 미끄러져 촬영장으로 들어가고 문은 닫힌다. 안에는 볼트와 페니만이.

billow
소용돌이 치다, 크게 굽이치다
to fill with air and swell out; to rise and move in a large mass

fire marshal
소방 국장, 방화 관리(책임)자

blaze
화염, 불꽃, 섬광
a very large fire, especially a dangerous one

debris
부스러기, 파편
pieces of wood, metal, brick, etc. that are left after something has been destroyed

rodent
설치 동물(쥐, 다람쥐 등)
any small animal that belongs to a group of animals with strong sharp front teeth. Mice, rats and rabbits are all rodents.

Zoom In

▪ Coming through!

I'm coming through!(이 몸이 나가신다!)의 의미이다. 실제로 come through에는 '끝까지 해내다, 성공하다, (전차가) 도착하다, 침투하다' 등의 뜻이 있다.

▪ Not on my watch, rodent!

Not on my watch, rodent!의 구문이다. 그러니까 You don't die on my watch.(내가 있는 데서 넌 안 죽는다)의 뜻이다. on my watch는 '내가 지키는데, 내가 경계하는데'의 뜻이다.

· Who's on watch now? 누가 당직을 서고 있냐?

INT. SOUNDSTAGE

Bolt arrives on the set. The building is coming down around him, everywhere he turns, burning embers fall to block his path.
Hellfire all around, Penny stumbles between blazing timbers and smoke.

PENNY : (coughing)

Bolt hears something and races after it. Cresting a pile of burning set, Bolt spots Penny.

BOLT : (Bark! Bark! Bark!)

PENNY : (gasp) Bolt!

They race towards each other and embrace.

PENNY : I knew you'd come back.

Their reunion is short-lived. A crash at the catwalk! Above them an ATTACK HELICOPTER is breaking loose from its rigging. CABLES SNAP and the helicopter drops! SCREAMING, Penny and Bolt run for cover. They dive through a window between flats as the world explodes around them.
Penny lies, COUGHING and trying to CATCH HER BREATH on the stage floor. The smoke is growing thicker. Penny spots a rope on the floor in front of her.

PENNY : Bolt, zoom zoom.

Bolt pulls on the rope guiding Penny through the thickening smoke. Down one passage, then another. Around turn after turn, looking for a way out, all the while, Penny is growing weaker and weaker, COUGHING and STRUGGLING.
Penny collapses to the ground, COUGHING. Bolt knows she won't last much longer.
Through the smoke, he spots an air vent. He drags Penny to it.
Bolt crawls inside, but Penny doesn't follow. She is losing consciousness.
He pulls Penny toward it and tries to get her to crawl inside. Penny is too weak to move.

내부. 방음 스튜디오 - 계속

볼트는 세트장에 도착한다. 건물은 그 주위로 무너져 내리고 그가 돌아서는 곳마다 불타는 파편들이 떨어져 그의 길을 막는다.
온통 지옥 불구덩이 속에서 페니는 불타는 목재와 연기 사이를 비틀거린다.

페 니 : (기침을 한다)

볼트는 무슨 소리를 듣고 그것을 쫓아 달린다. 타고 있는 세트장 더미를 오르면서 볼트는 페니를 본다.

볼 트 : (멍! 멍! 멍!)

페 니 : (헐떡인다) **볼트!**

그들은 서로를 향해 달려와 포옹한다.

페 니 : **네가 돌아올 줄 알았어.**

그들의 재회는 순간적이다. 좁은 통로에서 와장창 소리가 난다! 그들 위에서는 공격용 헬리콥터가 그 삭구로부터 느슨해지고 있다. 케이블들이 끊어지고 헬리콥터는 떨어진다! 비명을 지르면서 페니와 볼트는 피하기 위해 달린다. 그들은 세계가 그들 주위에서 폭발할 때 플랫 사이의 창문을 통해 뛰어든다.
페니는 스튜디오 바닥에 누워서 기침을 하며 숨을 죽이려고 애를 쓴다. 연기는 점점 더 짙어진다. 페니는 그녀 앞쪽 바닥에 밧줄을 본다.

페 니 : **볼트, 번개 달리기!**

볼트는 그 밧줄을 끌고 짙어가는 연기를 뚫으며 페니를 안내한다. 한 통로로 또 다른 통로로. 돌고 또 돌면서 나가는 길을 찾는 동안 페니는 점점 더 약해지고 기침을 하며 고투한다.
페니는 기침을 하며 바닥에 쓰러진다. 볼트는 그녀가 더 오래 지탱하지 못할 걸 알고 있다. 연기속에서 그는 통풍 구를 발견한다. 그는 페니를 그곳으로 끌고 간다.
볼트는 안으로 기어가지만 페니는 따라가지 못한다. 그녀는 의식을 잃고 있다. 그는 통풍 구를 향해 페니를 끌고 가 안으로 기어들어가게 하려고 노력한다. 페니는 너무 약해져 움직일 수 없는 상태다.

- **hellfire**
  지옥의 불, 형벌
- **reunion**
  재회, 재결합, 화해
- **rigging**
  삭구, 장비
- **flat**
  나무틀에 끼운 배경 (무대에 밀어내기도 하고 밀어 올리기도 함)

Zoom In

▪ everywhere he turns

every time, everywhere 등은 접속사처럼 쓰여 절을 이끌 수 있다.

· Everywhere we go, people are much the same. 어디를 가던지 인간은 별 차이가 없다.

▪ I knew you'd come back.

시제의 일치에 의해 주절의 동사가 과거형(knew)이므로 will이 would가 되었다. I know (that) you will come back.이 과거형으로 바뀐 것이다.

· He said he would raise my salary.
그는 내 월급을 올려줄 거라고 말했다.

Bolt tugs on her sleeve.

PENNY : Bolt. (coughs) Bolt, just go on out. (coughs) Go. It'll be okay.
(Bolt looks at her)

Bolt nuzzles her cheek. He doesn't want to leave her side. He ducks his head underneath her arm and lies down next to her.

PENNY : You're my good boy. (she nuzzles him) I love you.

They embrace, and the smoke engulfs them.

EXT. STUDIO LOT

Fire trucks scream towards the stage, crew members running to safety. Mom desperately searches through the crowd.

MOM : Have you seen my daughter?

CREW MEMBER : No.

MOM : Has anyone seen my baby?

INT. BURNING SOUNDSTAGE

Bolt whines into the vent. An echo! He barks again and it echoes, amplified by the vent. Bolt steels himself, and with all his might BARKS!

EXT. STUDIO LOT

Amplified by the vent, Bolt's bark reverberates over the chaos and across the lot. The crowd hears it. They look up.

FIREMEN : Hey, did you hear that? What was that?

FIREMAN 2 : What is that?

볼트는 그녀의 소매를 잡아끈다.

페 니 : 볼트. (기침한다) 볼트, 어서 여기서 나가. (기침한다) 어서. 난 괜찮을 거야. (볼트는 그녀를 본다)

볼트는 그녀의 볼을 코로 비벼댄다. 그는 그녀 곁을 떠나고 싶지 않다. 그는 그녀 밑으로 고개를 묻고 그녀 옆에 눕는다.

페 니 : 착한 내 강아지. (그녀는 그의 코를 비빈다) 사랑해.

그들은 포옹한다. 연기는 그들을 삼켜버린다.

외부. 스튜디오
소방 트럭들이 촬영장을 향해 사이렌을 울리고 스텝들은 안전한 곳으로 달린다. 엄마는 필사적으로 군중 속을 뒤진다.

엄 마 : 우리 딸 보셨어요?

스 텝 : 아뇨.

엄 마 : 누가 우리 애 못 봤어요?

내부. 불타는 방음 스튜디오
볼트는 통풍기를 통해 짖어댄다. 반향소리! 그가 다시 짖자 통풍기에 의해 증폭되면서 메아리 친다. 볼트는 움츠렸다가 온 힘을 다해 짖는다!

외부. 스튜디오
통풍구에 의해 증폭된 볼트의 멍멍 소리는 대혼란 사이로 울려 퍼지고 스튜디오 경내로 반향한다. 군중은 그 소리를 듣는다. 그들은 쳐다본다.

소방대원 들1 : 이봐, 저 소리 들었어? 저거 뭐지?

소방대원 들2 : 저게 뭐지?

- **tug**
  세게 당기다
- **nuzzle**
  코를 비벼(문질러) 대다
- **engulf**
  (심연, 소용돌이 등에) ~을 빨아들이다, 삼키다, 들이키다
- **amplify**
  (전류를) 증폭하다, 확대하다
- **reverberate**
  울려 퍼지다, 반향하다

Zoom In

▪ Just go on out.

go out은 '나가다'의 뜻이고 go on은 '계속 가다, 어서 가다'의 뜻으로 이것이 합쳐진 표현이다. 물론 Go on down. Go on in.같은 표현도 쓴다.

· Let's go on out. It's so cold.
어서 나가자. 몹시 추워.

▪ It'll be okay.

물론 I'll be alright. / I'll be all right. / I'll be O.K. / It'll be OK with me.도 같은 표현으로 "난 괜찮을 거야."의 뜻이다. 보통 구어체에서는 all right 대신 okay를 많이 쓰는 편이다.

· Are you Okay? 괜찮아요?

FIREMAN 3 : Quiet! Everyone be quiet!

The crowd quiets. Suddenly a loud BARK comes through the vent!

RHINO : It's the Superbark! (laughs with excitement)

FIREFIGHTER : (pointing to the vent) It's comin' from over there!

FIREMAN 2 : Go go go!

Firefighters race across the lot towards the vent.

INT. BURNING SOUNDSTAGE

Bolt, fighting against the smoke and fatigue, struggling to stay conscious, barks until he collapses, silent on the floor next to Penny.
A fireman begins to hack at the vent with his ax. Moments pass. Faint lights begin to cut through the darkness. There are searchlights. A pair of firemen appear, searching through the rubble.

FIREMAN : Over here! We've found them! They're here! We've found them!

EXT SOUNDSTAGE - MOMENTS LATER

A fireman pushes through the crowd. Behind him a pair of EMTs push a gurney. On it lies Penny, barely conscious.

FIREMAN : Comin' through, we got one down! Alright, We got an RT! Comin' through, people! Make a hole!

Penny lies helplessly. She looks over to see a fireman carrying Bolt. He doesn't look good, but his tail wags weakly. He's alive.

PENNY : (weakly) Bolt...

소방대원 3 : 조용히! 모두 조용히 하세요!

군중은 조용해진다. 갑자기 큰 멍멍 소리가 통풍구를 통해서 흘러나온다.

라이노 : 저건 슈퍼 목청이다! (흥분해서 웃는다)

소방수 : (통풍구를 가리키며) 저쪽에서 나는 소리야!

소방수 2 : 어서 가!

소방수들은 통풍구를 향해 경내를 가로질러 달린다.

내부. 불타는 방음 스튜디오

볼트는 연기와 피로와 싸우면서 의식을 잃지 않으려고 분투하면서 페니 옆 바닥에서 말없이 쓰러질 때까지 짖어댄다.
한 소방수가 도끼로 통풍구를 내려친다. 순간이 지나간다. 희미한 불빛이 어둠을 뚫고 비치기 시작한다. 탐조등이다. 한 조의 소방수가 나타나 잔해를 뚫고 수색을 한다.

소방수 : 여기야! 찾았어! 여기 있어! 찾았다고!

외부. 방음 스튜디오 – 잠시후

한 소방수가 군중을 뚫고 나온다. 그 뒤에는 한 조의 응급 구조 대원들이 환자 수송용 들것을 밀고 있다. 그 위에는 거의 의식이 없는 페니가 누워 있다.

소방수 : 비켜요, 부상자입니다! 응급 처리반이 지나가니까 좀 비켜요!

페니는 무력하게 누워 있다. 그녀는 소방수가 볼트를 데리고 가는 것을 보기 위해 살핀다. 그는 좋아 보이지 않지만 그의 꼬리는 약하게 흔들린다. 그는 살았다.

페 니 : (약하게) 볼트…

▫ **hack**
난도질하다, 마구 패서 자르다

▫ **EMT**
응급구조대원, 구급 간호사
emergency medical technician

▫ **gurney**
바퀴가 달린 환자 수송용 들 것(침대)

▫ **RT**
호흡치료전문가
respiratory therapist

Zoom In

▪ The crowd quiets.

crowd는 '군중, 인파'의 뜻인데 전체를 하나로 볼 때에는 이처럼 단수 취급을 하고 개개인을 강조할 때에는 복수 취급을 한다. 형용사인 quiet는 명사나 동사로도 쓰여 '조용해지다, 잠잠해지다, 고요, 한적' 등의 뜻이 된다.

▪ Make a hole!

이는 원래 "큰 구멍을 내다"의 뜻이다. 여기에서는 응급구조대원들이 지나갈 수 있도록 사람들이 비켜달라는 의미로 쓰였다. 즉 대열을 이루지 않는 일단의 사람들이 형성된 집단이나 계급이 상위인 사람이 가도록 길을 내주는 것을 의미한다.

Penny's mom pushes her way through the crowd.

MOM : Excuse me, I've gotta get through! ... Sweetie! You're okay, you've gotta be okay... You're gonna be just fine...

PARAMEDIC : She's stable. We're gonna take her to the hospital, just to be safe.

The paramedics open the back of the ambulance and roll the gurney to the door. Mittens and Rhino are hiding underneath a' la Bolivia.
The fireman places Bolt in the ambulance with Penny. MOM sits down next to her, followed by the AGENT.

INT. AMBULANCE

MOM : (sobbing) I'm so sorry this happened...

AGENT : (to Penny's mom) I can't imagine what you must be feeling. No mother should ever have to go through something like this. But I promise you we're going to make this work for us. I'm talking cover stories, production deals, executive producer credit! This is so great!

EXT. STUDIO LOT
The AGENT comes flying out of the back of the ambulance and crashes to the pavement after Mom throws him, his cell phone shattering.

MOM : We quit.

Mom climbs into the ambulance...

페니의 엄마는 군중을 밀면서 들어 온다.

엄 마 : 실례합니다, 지나가야 해요! 얘야! 이젠 괜찮아, 괜찮을 거야… 괜찮아질 거야…

의료보조자: 상태는 양호하지만 만일의 경우를 대비해서 병원으로 데려갑니다.

의료보조원들이 앰뷸런스 뒤를 열고는 들것을 문으로 굴려 넣는다. 미튼스와 라이노는 볼리비아에서 했던 방식으로 밑에 숨어 있다.
소방수가 볼트를 페니와 함께 구급차에 싣는다. 엄마는 그녀 옆에 앉아 있다. 그 뒤에 매니저가 따라온다.

내부. 앰뷸런스

엄 마 : (흐느끼며) 이런 일이 생겨서 마음이 아파요…

매니저 : (페니의 엄마에게) 지금 어머니 심정이 어떨지 짐작이 갑니다. 어떤 어머니가 이런 일을 겪고 싶겠습니까만 이번 일이 전화위복이 될 겁니다. 잡지와 인터뷰도 하고 영화로도 제작합시다! 대박의 기회입니다!

외부. 스튜디오 경내 – 계속
매니저는 구급차 뒤로 나가떨어져 보도에 부딪쳐 쓰러지면서 그의 휴대전화는 산산이 부서진다.

엄 마 : 이젠 관둘게요.

엄마는 구급차 속으로 들어간다.

▫ **paramedic**
구급대원, 의료보조자, 준 의료 활동 종사자
a person whose job is to help people who are sick or injured, but who is not a doctor or a nurse

▫ **stable**
안정된, 동요하지 않는
firmly fixed; not likely to move, change or fail

▫ **a' la**
~을 본 따서, ~의 식으로
in the manner of, in the style of

▫ **sob**
흐느껴 울다, 흐느끼다
to cry noisily, taking sudden, sharp breaths

Zoom In

▪ I'm so sorry this happened...

sorry는 뒤에 that절을 취하든가, to부정사를 취하든가 아니면 전치사 for를 써서 표현하는 경우가 대부분이다. 즉 be sorry가 동사가 되어 목적어를 취하는 것이다.

· I'm sorry to say (that) I cannot come to the party. 유감스럽게도 그 파티에 갈 수 없습니다.

▪ go through

이 관용어는 '(고난, 경험 등을) 겪다, 경험하다, 견디다, 고생하다'의 뜻이다. 이 외에도 '검토하다, 통과하다, 전 과정을 마치다, 행하다, 가결되다, 잘 조사하다, 헤어지다, 다 써버리다' 등 많은 뜻을 갖는 관용어이다.

AGENT : No no! Wait! Let's not make any rash decisions! Let's put a pin in it!

The doors are slammed shut.

INT. A HOSPITAL ROOM

Close shots of a heart monitor, I.V., etc.
Penny lies in the bed, her head completely bandaged. The doctor (his back to us) peels the bandages.

DOCTOR : I'm afraid your injuries were more severe than we had previously thought, my dear. We had to completely reconstruct your face.

Looking up at the doctor. Slowly coming into focus. Penny's face looks completely different.

DOCTOR : Have a look.

NEW PENNY : Well... at least Calico won't be able to recognize me.

In the background we see an orderly pushing in a cart of food.
the orderly lifts the warmer to reveal an ominous green syringe.
In full focus we see that the orderly has one green eye.

ORDERLY : (maniacal laugh)

PENNY : (Gasp!) Calico!

He laughs with murderous intent. His prey is helpless.

매니저 : 안 돼요! 잠깐만! 성급하게 결정하지 마세요! 핀으로 꽂아 놓고 접어둡시다!

문이 쾅 하고 닫힌다.

내부. 병실
심장 모니터, 링거 등이 클로즈업된다.
페니는 침대에 누워 있고 머리에 온통 붕대가 감겨져 있다. 의사(등을 돌리고)가 붕대를 벗긴다.

의 사 : 안됐지만 우리가 예상했던 것보다 부상이 훨씬 심각하더군. 얼굴 전체를 다 손봐야만 했어.

의사를 쳐다본다. 천천히 초점 속으로 들어온다. 페니의 완전히 달라진 모습이다.

의 사 : 자 봐라.
새로운 페니 : 와… 적어도 칼리코 박사가 날 알아보지 못하겠네요.

뒤쪽에서 한 간호원이 음식 손수레를 밀고 들어오는 것이 보인다.
손수레를 클로즈업하자 그 간호사가 보온기를 들자 불길한 녹색 주사기가 나타난다.
완전히 초점을 맞추자 그 간호사가 녹색 눈을 지니고 있는 것이 보인다.

간호사 : (광적인 웃음)
페 니 : (헉 하고 놀라며) 칼리코 박사!

그는 살인 의도를 가지고 웃는다. 그의 사냥감은 무력하다.

- **rash**
  성급한, 무모한, 경솔한
- **I.V.**
  전해질, 약제, 영양을 점적하는 장치
  intravenous
- **orderly**
  간호병, 당번병
  a person who works in a hospital, usually doing jobs that do not need any special training
- **warmer**
  온열 장치, 보온기
- **ominous**
  불길한, 나쁜 징조의
  suggesting that something bad is going to happen in the future
- **syringe**
  세척기, 관장기, 주사기
  a plastic or glass tube with a long hollow needle that is used for putting drugs, etc. into a person's body or for taking a small amount of blood from a person

Zoom In

▪ Have a look.

"자 한 번 봐라."의 뜻으로 단순히 Look.하고는 어감이 좀 다르다. get a load of도 같은 뜻이다.

· Get a load of this pretty woman!
이 아름다운 여인을 봐라!

▪ His prey is helpless.

helpless는 '무력한, 속수무책인' 등의 의미를 가지고 있다. 전치사 with가 붙으면 '(감정을) 감당하지 못하는'으로 해석된다. -less가 붙는 형용사들은 다음과 같다. useless(쓸모없는), endless(끝없는), listless(무관심한), lightless(어두운).

Laser beams burn the needle from Calico's hand. We hear BARKING.
Calico turns to the window as Bolt comes crashing through, knocking him to the ground.

PENNY : (Gasp!) Bolt!

EXT. HOSPITAL

The brick wall explodes out, and Penny and Bolt step out into the night.
As they touch the ground they are surrounded by a beam of light and lifted into the air.
They tumble ever skyward until they are swallowed up by a huge flying saucer.
Calico stares up at the ship. He tears the mask from his face.

CALICO : Aliens!

RHINO sits on a couch, once more in control of the remote-control clicker. There is a look of disgust on his face.

RHINO : That is totally unrealistic.

BOLT : Absolutely ridonculous.

MITTENS : You could say that again! Oh! Oh yeah. Right there -- right there -- oh--over! Over!--Aaahhh... that's the spot.

INT. A LOVELY FARMHOUSE

A few scattered boxes, the house is almost fully moved into.
They are sitting on the couch. Mittens is in Mom's lap who is gently stroking her. She purrs.
A beat-up toy carrot comes flying across the room, bounces off Mom, and lands on the couch next to Rhino. Bolt leaps on it, playing. He rolls onto his back utterly content.
Penny is kneeling before him, smiling.

레이저 빔이 그의 손에 있던 주사기를 태운다. 개 짖는 소리가 들린다.
칼리코 박사가 창문으로 돌아서자 볼트가 문을 부시고 들어와 그를 바닥에 눕힌다.

페 니 : (숨이 막힌다!) 볼트!

외부. 병원

벽돌 벽이 터져 나가며 페니와 볼트가 어둠속으로 뛰어 내린다.
그들이 땅에 닿자 한줄에 빛에 둘러싸이며 공중으로 올라간다.
그들은 하늘 쪽으로 끌려 올라가 마침내 거대한 비행접시에 의해 삼켜진다.
칼리코 박사는 우주선을 올려다 본다. 그는 얼굴에서 마스크를 벗는다.

칼리코 박사 : 외계인들!

딸깍 소리. 라이노가 소파 위에 앉아 있는 모습이 나타난다. 한번 더 리모컨을 조정한다. 싫증난 표정이다.

라이노 : 저건 현실성이 하나도 없는 것 같아.

볼 트 : 도대체 말이 안 된다고 봐야지.

미튼스 : 내 말이 그 말이야. 아! 그래. 바로 거기, 거기 맞아, 아, 얘! 네… 바로 거기랍니다.

내부. 아름다운 농가

몇 개의 흩어져 있는 상자들. 거의 완전히 이사가 끝났다.
그들은 소파 위에 앉아 있다. 미튼스는 자기를 부드럽게 쓰다듬고 있는 엄마의 무릎에 있다. 그녀는 그르렁거린다.
오래 써서 낡은 당근 인형이 방을 가로질러 날아와 엄마에게 튀어가서는 라이노 옆 소파에 떨어진다.
볼트가 장난치며 그 위에 뛰어오른다. 그는 아주 만족스럽게 등을 대고 구른다.
페니가 그 앞에 무릎을 꿇고 있다. 미소를 짓는다.

tumble
허둥지둥 올라가다

skyward
하늘 쪽으로, 위로
towards the sky; up into the sky

disgust
혐오감, 질색, 메스꺼움
a strong feeling of dislike or disapproval for somebody/something that you feel is unacceptable, or for something that looks, smells, etc. unpleasant

stroke
쓰다듬다, 어루만지다

beat-up
오래 써서 낡은, 닳은
old and damaged

Zoom In

▪ That's totally unrealistic.

totally는 '전적으로, 아주'의 의미로 쓰이며, unrealistic은 '비현실적인, 비사실적인'의 뜻이므로 "저건 현실성이 전혀 없어."의 의미이다. 유사어로 completely, entirely, wholly, utterly, altogether, quite, fully, thoroughly, absolutely 등이 있다.

▪ That's the spot.

"바로 거기야."란 표현이다. spot은 '(특정) 장소, 지점'의 뜻으로 구어에서 '현장, 관광지, 행락지'란 뜻도 있다. 역시 구어로 hit the spot(말할 나위 없다, 만족스럽다)가 잘 쓰인다.

PENNY : Hey silly doggy!

She sits down on the floor in front of him, holds up her camera and snaps a picture.

PENNY : That's a keeper! You wanna go play outside? Huh? You wanna go play outside? (giggles) Let's go!

Penny runs from the room with Bolt chasing after her.

EXT. FARMHOUSE

Penny and Bolt rush out in the yard. They run and play happily.
On the porch railing sit three pigeons with a rural accent.

PIGEON 1 : Does that dog look familiar?

PIGEON 2 : Nope. I never seen him before in my life.

The pigeons fly off.
Down below, Penny and Bolt play happily on the farm. Life is much better now!

페 니 : 헤이 바보 같은 멍멍이!

그녀는 그 앞에 바닥에 앉아서, 카메라를 들어 사진을 찍는다.

페 니 : 잘 간직해야지! 우리 밖에 나가 놀까? 나가서 놀고 싶어? (킬킬 웃는다) 어서 가자!

페니는 방을 달려 나가고 볼트가 그녀를 뒤따른다.

외부. 농가
페니와 볼트는 마당으로 달려 나온다. 그들은 즐겁게 달리며 논다.
현관 난간에 세 마리 비둘기가 앉아 있다.

비둘기 1 : 저 개 낯이 좀 익지 않냐?

비둘기 2 : 아니. 내 평생 저런 개는 본 적이 없어.

비둘기들이 날아간다.
아래쪽에서는 페니와 볼트가 농장에서 즐겁게 논다. 인생이 이보다 더 좋을 수는 없다!

□ **porch**
현관, 포치, 베란다
a platform with an open front and a roof, built onto the side of a house on the ground floor

□ **railing**
난간, 가로장, 울타리
a horizontal bar or hand-hold made for steadying oneself

Key Expressions

256 Penny is too weak to move. 페니는 너무 약해져서 움직일 수 없다.

too ~ to 구문으로 Penny is so weak (that) she can't move.의 뜻이다. Penny is too weak for movement.도 가능하다.

· This stone is too heavy for me to lift.
이 돌은 너무 무거워서 내가 들 수 없다.

262 Penny's mom pushes her way through the crowd.

push one's way through는 '길을 밀어 헤치면서 나아가다, 길을 뚫고 나아가다'의 뜻이다. 동사만 바꾸면 여러 표현을 할 수 있다. elbow one's way through(팔꿈치로 밀치면서 나아가다) 등이 좋은 예이다.

· He pushed his way to the front of the crowd.
그는 길을 밀어 헤치면서 군중 앞으로 갔다.

· They elbowed their way through people in the street.
그들은 거리에 나온 사람들을 팔꿈치로 밀치면서 나아갔다.

262 We're gonna take her to the hospital, just to be safe.

그냥 안전을 위해서 그녀를 병원으로 데려갑니다.

문장 끝에 just가 부사구와 결합하여 잘 쓰이는 표현이다. just in case(만일의 경우에 대비하여) 등이 있다. 물론 just는 생략해도 된다.

· I'll cook plenty of potatoes just in case.
만일을 생각하여 감자 요리를 많이 준비하겠다.

264 Let's not make any rash decisions! 성급한 결정을 내리지 마세요.

물론 Let's not decide rashly.도 가능하다. decide = make a decision

· The committee expects to make a decision soon.
위원회가 곧 결정을 내릴 것이 기대된다.

266 You could say that again! 누가 아니래!

상대의 말에 전적으로 동의할 때 잘 쓰이는 속어표현이다. You said it! You're quite right! You're telling me! 등도 사용된다.

· A: Isn't it great that our vacation starts tomorrow?
우리 방학이 내일 시작되는 거 신나지 않니?

B: You can say that again! Have you made any plans yet?
두말하면 잔소리지! 뭐 계획 세운 거 있니?"

268 I never seen him before in my life.
내 평생 저런 건 한 번도 본 적이 없어.

원래는 I have never seen him before in my life.가 정식인데 구어체에서는 have가 생략되기도 하며 때에 따라 I never saw him before in my life.라고 표현하기도 한다.

· He is the greatest poet that ever lived.
그는 지금까지 산 시인들 중 가장 위대한 시인이다.

강의를 들으면서 공부하는 스크린영어
본문 및 스크린강의 MP3 CD
Disney
BOLT
번역 • 해설 I 이일범
스크린 강의 I 오석태
볼트
BOLT
스크린영어사